『하재일기(荷齋日記)』에 나타난 민속 연구

『하재일기(荷齋日記)』에 나타난 민속 연구

초 판 인 쇄	2020년 02월 10일
초 판 발 행	2020년 02월 20일

저 자	송재용
발 행 인	윤석현
발 행 처	박문사
책 임 편 집	최인노
등 록 번 호	제2009-11호

우 편 주 소	서울시 도봉구 우이천로 353 성주빌딩 3층
대 표 전 화	02) 992 / 3253
전 송	02) 991 / 1285
전 자 우 편	bakmunsa@hanmail.net

ⓒ 송재용 2020 Printed in KOREA.

ISBN 979-11-89292-55-3   93380   정가 25,000원

『하재일기(荷齋日記)』에 나타난 민속 연구

송재용 저

박문사

서문

　필자는 우연한 기회에『하재일기』를 접하게 되었다.『하재일기(荷齋日記)』는 중인 출신 공인(貢人) 지규식(池圭植)이 1891년 1월 1일부터 1911년 윤6월 29일까지 20년 7개월에 걸쳐 거의 매일 쓴 일기로, 국내외 정세와 풍속, 의례, 분원 관련 각종 제반사항, 일상생활사 등을 다방면에 걸쳐 다양하게 기록으로 남기고 있다. 특히 지규식 같이 공인(貢人) 신분이 쓴 일기는 매우 드물 뿐만 아니라, 당시 실제로 행했던 민속 관련 내용을 기록으로 남겼다는데 주목하였다. 이러한 일기는 극히 드물 뿐만 아니라 자료적으로도 그 가치가 매우 높이 평가되며, 민속학적으로 의미가 있다.

　이에 필자는『하재일기(荷齋日記)』에 나타난 민속 관련 논문들을 발표하였다. 발표 후『하재일기』에 나타난 민속을 정리 체계화하여 책으로 출판할 필요가 있다고 판단하였다. 그래서 그동안 발표했던 논문들을 참고하여 항목별로 정리, 수정 보완하면서 체계화하는 한편, 미리 정리해 두었던 민속 관련 자료와 의(衣)·식(食)·생필품, 의학 관련 자료들을 부록 편에 실어 이 방면 연구자들이 참고할 수 있도록 하였다.

그러므로 이 책은 개화기에서 일제강점 초기까지의 우리의 민속 (특히 경기도의 민속)을 이해 연구하는데 꼭 필요한 연구서이면서 자료집이라 하겠다. 더구나 중인 출신 공인(貢人)이 민속 관련 자료를 기록으로 남긴 일기라는 점에서 더더욱 그렇다.

끝으로 출판을 흔쾌히 수락해 준 도서출판 박문사 사장님과 관계자 여러분에게도 감사의 마음을 전한다.

2020년 2월
죽전캠퍼스 연구실에서 청호(青澔) 송재용 씀

차례

I

지규식과 『하재일기』

『하재일기(荷齋日記)』에 나타난 민속 연구

지규식(池圭植. 1851~?)은 1851년(철종 2) 6월 17일(음력)에 출생하였으며, 사망년도는 정확히 알 수 없다. 그러나 『하재일기(荷齋日記)』에 "금일즉오회갑야(今日卽吾回甲也)"[1]라 기술한 것으로 보아 환갑인 1911년까지 생존해 있었던 것은 틀림없다. 하지만 그 이후의 삶에 대해서는 전하는 기록이 없어 알 수 없다. 그리고 본관은 충주(忠州), 호는 하재(荷齋)이다.

　지규식의 집안은 증조부·조부·아버지의 산소가 남한산성 부근에 있는 것으로 보아 경기도 광주 일대에 자리 잡았던 것으로 보인다. 그의 아내는 한(韓)씨로 동갑이었으며, 그에게는 '춘원'이라는 애인도 있었다. 그리고 지규식의 자녀는 아들 여섯과 딸 하나, 모두 7명이었다. 자식들 중 5명이 요절하여 1905년 이후에는 첫째와 둘째 아들만이 그의 곁을 지켰다. 지규식은 홀로 된 어머니를 극진히 봉양했다. 뿐만 아니라 위로 세 명의 형이 있었지만 모두 사망해, 40세 이후에는 사망한 형들을 대신하여 홀로 된 노모와 2명의 동생, 형수들과 조카들을 돌보며 집안의 가장 역할을 하였다.

　지규식은 정통 유학자는 아니었지만 일정한 유학교육을 받았던 것으로 보이며, 그의 문학적 소양은 끊임없는 독서에서 비롯된 것으

---

1 『하재일기』, 〈1911년 6월 17일〉.

로 보인다. 지규식은 한시를 즐겨 지었는데, 문학적 재능은 양반들에게도 인정을 받았던 것으로 보이며, 그들과 친분을 맺고 교류했던 것 같다. 지규식은 한시(총 439수)를 짓는 것 외에 한문소설과 국문소설을 즐겨 읽었으며, 판소리와 민속에도 관심을 가졌다. 그리고 이웃의 송사나 경사에 대신 글을 써주고 자신의 자녀들뿐만 아니라 동리아이들의 교육에도 관여하는 등 지역사회에서 유지이자 교육자, 지식인으로서의 역할을 담당하기도 했다.

주지하듯이 지규식이 생존했던 시기인 1850년~1910년대는 임술농민봉기·강화도조약·임오군란·갑신정변·동학혁명·갑오개혁·청일전쟁·을미왜변·단발령·아관파천·러일전쟁·한일의정서 강제 체결·을사늑약·통감부 설치·경술국치 등으로 얼룩진 격변과 암흑, 치욕의 시대였다고 해도 과언이 아니다. 이 같은 시기에 사옹원(司饔院) 분원(分院)의 공인(貢人)[2]이었던 지규식은 1891년 1월 1일부터 1911년 윤6월 29일까지 20년 7개월에 걸쳐 거의 매일 보고 들은 이러한 사실들뿐만 아니라 국내외 정세와 민속, 분원 관련 각종 제반사항, 일상생활사 등을 『하재일기』[3]에 기록으로 남기고 있다. 특히 지

[2] 지규식의 직업은 본래 사옹원 소속 원역(員役)이었으나, 1883년 분원자기 공소(貢所)가 출범할 때 공인(貢人)으로 전환하여 자기의 생산·납품과 경영에 관여했다. 이후 번자회사 출자사원이 되어 자기업에 종사했다. [박은숙, 「경기도 분원마을 지도자 지규식의 외세인식과 그 변화(1894~1910)」, 『한국인물사연구』 제26호, 한국인물사연구회, 2016, 247~248쪽.]
[3] 현재 『하재일기』는 1891년 1월 1일부터 1911년 윤6월 29일까지의 기록이 전해지고 있다. 지규식은 자신이 몸소 편철한 표지에 "신해 윤6월 29일 필(畢)"이라고 적고, 스스로 일기 쓰기를 마감했다. 그리고 『하재일기』는 경기도 양근군(楊根郡) 남종면(南終面) 분원리(分院里)(현재의 경기도 광주시 남종면 분원리)의 분원공소(分院貢所)의 공인(貢人)이었던 지규식이 체면을 중시하는 양반들의 일기와는 달리, 자신의 내면과 일상적 자질구레한 일들을 솔직하게 드러내고 있어, 더욱 인간

규식의 신분은 양반계층이 아닌바,[4] 이 같은 신분으로 쓴 일기는 흔치 않다. 따라서『하재일기』는 정치·경제·사회·문화·역사·종교·예술·의학·문학·민속 등 각 분야를 기술하고 있어 사료적 가치가 높이 평가된다.[5] 지금까지『하재일기』관련 연구논문들은 대략 20여 편된다.[6]

___

적이고 사실적이다. 원본은 서울대 규장각에 소장되어 있고, 한문본 9책이다. 2005년~2009년 서울시사편찬위원회에서 전체를 탈초(脫草), 번역(『국역하재일기 1~8』, 김상환·이종덕 역, 박은숙 해제, 서울시사편찬위원회, 2005~2009.)하였다. 이하 이 자료에서의 인용은 편의상 일기인 점을 감안하여 연월일만 밝히기로 하고, 특별한 경우가 아니면 탈초 원문의 제시는 생략한다.

4 지규식의 신분에 대해서는 중인 또는 상한(常漢)(박은숙,「사원 지규식의 러일전쟁과 을사조약을 둘러싼 시국 인식」,『한국인물사연구』제17호, 한국인물사연구회, 2012, 325~326쪽.), 상한(김소영, 앞의 논문, 67쪽.), 평민(김종철, 앞의 논문, 63~64쪽.) 등으로 추정하고 있는바 다소 논란이 있다. 그러나 여기서 중요한 것은 지규식의 신분이 양반이 아니라는 점이다. 그리고 필자는『하재일기』를 통해 엿볼 수 있는 지규식의 출신배경과 집안내력, 직장 내 역할이나 마을에서의 위치, 사회적 활동과 교유관계 등 제반사항을 종합·검토해볼 때, 그의 신분을 상한이나 평민보다는 중인출신으로 보는 것이 설득력이 더 있다고 본다.

5 정치·경제·사회·문화·역사·종교·사상·예술·의학·문학·민속 등 각 분야를 기술하고 있는 조선시대의 대표적인 일기로는 사대부 유희춘이 쓴『미암일기』와 중인출신 공인(貢人) 지규식이 기록으로 남긴『하재일기』를 대표적으로 꼽을 수 있다.

6 현재 연구자들이 여러 분야에서 연구를 하고 있지만, 앞으로 각 분야별로 심도 있고 정치한 연구를 체계적이고 종합적으로 할 필요가 있다. 참고로『하재일기』에는 동학혁명 및 의병활동, 청일전쟁과 러일전쟁에 승리한 일본인들의 횡포, 단발령, 일본인들의 민비시해 및 시신처리, 민영환·조병세·홍만식의 자결, 안중근 의사의 이등박문 사살, 헤이그 사건, 을사늑약, 경술국치, 학교에서의 애국가 제창, 풍속과 의례의 변모 등 당시의 실상을 여실히 보여주고 있어, 이에 대한 밀도 있는 심층적인 연구도 필요하다. 여기서는 민속과 관련된 논문들만 대략 제시하면 다음과 같다. 김종철,「하재일기를 통해 본 19세기 말기 판소리 창자와 향유층의 동향」,『판소리연구』제32집, 판소리학회, 2011. ; 김소영,「전통과 근대를 살아간 인물, 하재 지규식의 '일상'을 통해 본 그의 사상과 종교」,『한국인물사연구』제19호, 한국인물사연구회, 2013. ; 박은숙,「경기도 분원 마을 지규식의 자녀 혼사와 사돈 관계(1891~1910)」,『한국인물사연구』제19호, 한국인물사연구회, 2013. ; 윤양노,「하재일기로 본 개항기 의생활 문화」,『한복문화』제17집, 한복문화학회, 2014. ; 이정현,「하재일기 를 통해 본 구한말 의약생활의 변화」,『대한한의학원전학회지』제

　　필자가 여기서 주목한 것은『하재일기』에 기록된 민속 관련 내용이다. 지규식은 양반이 아닌 신분으로 당시 실제로 행했던 세시풍속·민속놀이·의례·민간신앙·의식주 등 민속 관련 내용을『하재일기』에 기록으로 남겼다. 이러한 일기는 드물 뿐만 아니라 자료적으로도 그 가치가 매우 높이 평가되며, 민속학적으로도 의미가 있다. 그러므로 본서는『하재일기』에 나타난 민속에 논의의 초점을 맞추었다.

27권 4호, 대한한의학원전학회, 2014. ; 류채형, 「하재일기에 나타난 19세기 공인(貢人) 지규식 가문의 제사 실태와 특징」, 경북대 교육대학원 석사논문, 2016. ; 류채형, 「하재일기에 나타난 19세기 말~20세기 초 공인 지규식의 제사 설행」,『역사교육논집』제61집, 역사교육학회, 2016. ; 졸고, 「하재일기에 나타난 국가의례와 민간신앙 일고찰」,『동양고전연구』제69집, 동양고전학회, 2017. ; 졸고, 「하재일기에 나타난 세시풍속과 민속놀이 연구」,『동아시아고대학』제49집, 동아시아고대학회, 2018. ; 졸고, 「하재일기에 나타난 관·혼·상·제례 연구」,『동양고전연구』제70집, 동양고전학회, 2018.

『하재일기』에 나타난 민속

『하재일기(荷齋日記)』에 나타난 민속 연구

01
세시풍속

『하재일기』에는 세시풍속 관련 자료들이 많은 편이다. 그런데 그 내용이 간단해 다소 아쉬운 점이 있다. 그러나 나름대로 자료적 가치가 있다고 본다. 그러면 월별 순으로 살펴보겠다.

(1) 설

『하재일기』에 기록된 세시풍속 중 설날은 정월대보름과 함께 가장 많다.

> 아침에 일어나 세수하고 머리 빗고 아이들을 거느리고 家廟를 청소하였다. 차례를 지낸 뒤 院中 어른들을 찾아뵈었다.[1]

---

[1] 〈1895년 1월 1일〉.

17

차례(茶禮)를 마치고 곧바로 內谷으로 가서 關聖帝君을 배알하고 추첨하여 19번을 뽑으니, 上吉이다. 돌아오는 길에 尹上舍 汾西 선생을 찾아뵙고 모시고 이야기하였다. 조금 있다가 인사하고 물러 나와 이웃마을의 연세 많은 어른들을 두루 찾아뵈었다. 貢房에 들르니 자리에 詩軸 하나가 보였는데, 바로 柳蕉史의 元旦 詩이다. 인하여 次韻하고 경솔히 작은 목소리로 읊조렸다.

萬緣除舊摠生新	세상의 온갖 인연 옛것 버리고 모두 새로워졌는데
始覺今朝大吉春	오늘 아침에서야 大吉의 봄임을 비로소 깨달았도다.
待得仁天恩雨露	인자하신 하느님의 雨露의 은혜를 기다리고
詠歌須作化中人	노래를 읊으며 모름지기 造化 속의 사람 되려 하도다.[2]

차례를 마친 뒤 이웃과 마을 소년들이 계속하여 찾아왔다. 저녁때가 되어서 비로소 학교에 들어가 학도들에게 燃燈하고 경축하게 하였다.[3]

…(전략) 길에서 여러 친구들을 만나 함께 석촌(石村)에 가서 먼저 박 참봉을 찾아뵈었는데, 內間에서 불러서 들어가 새해 문후를 드리고, 나와서 곧바로 金敎官 댁에 가서 喪制를 뵙고 잠시 모시고 이야기하였다. 교관이 〈歲暮〉, 〈除夕〉이란 제목의 절구 시 각 한 편씩 두 편의 시를 나에게 보여주어 한 번 읽어보았다. 내용이 몹시 서글펐는데 잊어서 기억이 나지 않는다. 술과 과일을 푸짐하게 차려 내와 동료들과 함께

---

2 〈1891년 1월 1일〉.
3 〈1907년 1월 1일〉.

18

먹은 뒤 물러가겠다고 고하고 박 참판 댁에 갔는데, 또 주과상을 내왔다. 조금 먹고 바로 나와서 李先達 天裕·一先 부자와 함께 歸川에 가서 김 참봉을 뵈었다. 또 주과상을 푸짐하게 차려 내와 붉은 대추 두어 개를 먹고 물러 나왔다.[4]

石村에 가서 金 注書를 뵙고 신년 하례를 올리니, 詩軸 하나를 꺼내어 나에게 보였다. 곧 除夕과 元朝 시이다. 한 번 펼쳐 보았는데, 안에서 떡국과 여러 가지 음식을 마련하여 내와서 조금 먹고 인사하고 물러 나왔다.[5]

위의 인용문들을 보면, 설날 가묘에서 차례를 지내고 상사나 분원 마을의 어른들에게 세배 다니는 풍경을 엿볼 수 있다. 『동국세시기』에 보면, "서울 풍속에 설날 아침 일찍 제물을 사당에 진설하고 제사를 지내는데, 이를 正朝茶禮라 한다."[6]고 하였는바, 경기도 광주 분원 마을에 살던 지규식도 이러한 풍속을 따른 것 같다. 그리고 지규식이 지은 시에서 설날을 뜻하는 '元旦'·'元朝'도 보인다. 그런데 지규식은 관성묘에서 제비를 뽑아 길흉을 점치는 것을 거의 매년 설날 때마다 하고 있어 눈길을 끈다.(단, 그가 기독교인이었을 때는 중지했다.) 그리고 지규식은 양반도 정통 유학자도 아니었지만, 일정한 유학교육

---

4 〈1891년 1월 2일〉.
5 〈1895년 1월 4일〉. 참고로 떡국의 유래는 『동국세시기』에 "중국 남송 때의 시인인 陸放翁의 〈歲首書事詩〉라는 시의 註에 보면 시골 풍속에 설날에는 반드시 떡국을 먹는데, 이것을 冬餛飩 또는 年餺飥이라고 한다고 했느니, 모두 옛날부터 내려오는 풍속이다."(최대림 역해, 『신역 동국세시기』, 홍신문화사, 2006, 22쪽.)라고 하였는바, 떡국이 중국에서 우리나라로 건너온 것으로 보인다.
6 위의 책, 20쪽.

을 받았던 것으로 보인다. 그는 문학적 소양과 재능이 있었던 것 같고, 양반들에게도 인정을 받았던 것으로 보인다. 그래서 그들과 친분을 맺고 교류했다. 지규식은 특히 한시를 즐겨 지었는데,[7] 설날이 되면 으레 시 한 수를 짓곤 했다. 한편, 근대화 과정 때문인지는 몰라도 설날 저녁에 학생들에게 연등하고 경축케 한 것은 새로운 풍속이라 할 수 있다.

설날 관성묘에서 제비를 뽑아 길흉을 점친다든지, 저녁에 연등을 다는 것 등은 특이하다.

(2) 입춘과 정초 근친

『하재일기』에는 입춘 관련 기록이 적고 소략하다. 그래서 여기서는 입춘과 정초 근친을 함께 살펴하겠다.

> 오늘은 未正 立春이다. 그래서 春帖子를 썼다.[8]
>
> 아이들에게 春帖子를 쓰게 하였다.[9]
>
> 아침을 먹은 뒤 둘째 형수씨는 再龜를 데리고 이천으로 覲親하러 가

---

7 지규식은 한시를 짓는 것 외에도 한문소설과 국문소설을 즐겨 읽었으며, 이웃의 송사나 경사에 대신 글을 써주고 자신의 자녀들뿐만 아니라 동리 아이들의 교육에도 관여하는 등 지역사회에서 유지이자 지식인으로서 역할을 담당했다. 이러한 지규식의 모습과 역할은 전통사회 지식인의 '일상'에서 크게 벗어난 것이 아니었다.(김소영, 앞의 논문, 67쪽 ; 유호선, 「하재일기를 통해 본 공인 지규식의 삶과 문학」, 『한국인물사연구』 제19호, 한국인물사연구회, 2013, 3~28쪽 참조)
8 〈1900년 1월 5일〉.
9 〈1892년 1월 5일〉.

고, 셋째 형수씨는 山龜를 데리고 渼湖로 근친하러 갔다.[10]

　입춘이 되면 늘 썼던 춘첩자 쓴 기록만 간단히 언급하고 있다. 『동국세시기』에 보면, "대궐에서 설날에 문신들이 지어올린 延祥詩 중 잘된 것을 선정하여 대궐의 기둥과 난간에 입춘첩을 써 붙이는데 이 것을 춘첩자라고 한다. 경사대부 및 도시나 시골 할 것 없이 일반 민가와 상점에서도 모두 입춘첩[春聯]을 붙이고 새 봄을 송축한다. 이 것을 春祝이라 한다. 『형초세시기』에 입춘에는 새 봄에 합당한 글구를 써서 문에다 붙인다고 했다. 지금의 입춘첩은 여기에서 연유된 것이다."[11]라고 하였는바, 지규식도 당시의 이러한 풍속을 따른 것으로 보인다. 그리고 시집간 여자가 친정에 가서 부모를 뵙는 근친에 대해 간략히 기록하였다. 근친(또는 歸寧) 관련 기록은 흔한 편이 아니라 참고할 만하다. 지규식은 『하재일기』에 正初뿐만 아니라 가을이나 겨울에도 형수들이나 며느리들에게 근친을 보냈다.[12]

(3) 정월 대보름

　『하재일기』에는 정월 보름날 행했던 놀이 위주로 기록을 하고 있다. 이 가운데 답교놀이·불꽃놀이·무동놀이 등을 주로 기술하고 있

10　〈1891년 1월 9일〉.
11　최대림 역해, 앞의 책, 30쪽.
12　지규식은 형들의 사망으로 가장 역할을 하면서 집안일을 책임지고 있었다. "남한산성 둘째 며느리가 歸寧하러 가는데, 仁兒에게 모시고 가게 하였다. 셋째 며느리도 觀親하러 갔다."(〈1895년 11월 8일〉)

는바, 이에 대해 살펴보기로 하자.

···(전략) 정권과 함께 옷을 걸쳐 입고 대문 밖으로 나가서 수포교에
이르러 달빛과 등불 빛 夜景을 구경하고 돌아오다 청계천시장 앞에 이
르니, 달빛과 등불 빛이 서로 어우러져 비치는 속에서 북과 꽹과리를
치며 귀가 따갑도록 노래를 부르고 소리를 지르며, 장안의 청춘 남녀
들이 어지럽게 떠들어 대는데 구경할 것이 못 되었다. 그래서 즉시 숙
소로 돌아오니 대략 삼경쯤 되었다. 정권은 돌아가고 창순은 잠이 들
어 나 홀로 무료히 앉아서 절구 한 수를 읊조렸다.

月光好是上元淸　정월이라 대보름 달빛이 밝은데
滿路香塵士女行　향내 짙은 청춘 남녀 길을 메우네.
出門試過虹橋去　문을 나서 虹橋를 거닐었지만
一個無人說與情　정담을 나눌 사람 하나도 없구나.[13]

저녁이 된 뒤 한용식과 이영균 諸益과 짝을 지어 달빛 아래를 거닐
며 다리를 밟고 청나라 물건을 파는 가게에서 불꽃놀이를 구경하다가
돌아왔다.[14]

종일 하는 일이 없었다. 황혼에 大橋 근처에서 달에 절하였다.[15]

이웃 마을 연소한 아이들이 妓樂을 거느리고 여러 날 노래와 춤을
가르쳤다. 나에게 구경 오라고 여러 번 사람을 보내서 마지못해 저녁

---

13 〈1891년 1월 15일〉. 지규식의 집은 우천의 분원 근방에 있었지만, 그는 1년 중 반 이
　상을 한양에 살고 있었다. 한양에 있을 때는 주로 仁寺洞과 壯洞,(현 통의동 근방)에
　거처(지인 申 喪人의 집)를 마련하고 활동하였다.
14 〈1897년 1월 15일〉.
15 〈1894년 1월 15일〉.

때쯤 나갔다. 이른바 梅香·菊香·眞玉·蓮花 등은 춤 추는 자태가 조금 능숙했다.…(중략)… 귀천에서 舞童들이 내려왔는데, 대로상에서 징과 북소리가 시끄러웠다.[16]

어제 춤 구경을 하고 돌아왔으니 부조하지 않을 수 없어 돈 10냥을 鼓手에게 行下하고, 공소에서 50냥을 행하하고, 경빈이 10냥을 행하하였다. 경빈은 진옥과 마주 서서 춤을 추었다.[17]

歸川에서 통문을 돌렸다. 각 동의 무동들이 귀천 앞 들판에 모여 노는데 그 광경이 정말 볼 만하였다.[18]

정월 대보름날 저녁 수표교에서 달빛과 등불 빛 야경을 구경하고, 청계천 시장 앞에서 사람들, 특히 청춘남녀들이 시끌벅적하게 노래 부르고 소리 지르는 정경을 사실적으로 기술하고 있다.『동국세시기』에 "정월 보름날 밤에 서울 장안의 많은 사람들이 열운가(종로 네거리)의 종각으로 모여들어 보신각의 종소리를 들은 다음, 각각 흩어져 각처의 다리로 가서 다리 위를 거니는데, 이 인파의 행렬은 밤이 새도록 끊이지 않는다. 이것을 다리 밟기(踏橋)라 한다.…(중략)… 다리 밟기를 하면 1년 동안 다리에 병이 나지 않는다고 믿기 때문이다.…(중략)…다리 밟기는 주로 대광통교와 소광통교(지금의 청계천 입구에 있는 광교) 및 수표교에서 가장 성행했는데, 사람들로 인산

---

16 〈1894년 1월 16일〉.
17 〈1894년 1월 17일〉.
18 〈1899년 1월 17일〉. 참고로 본고의 인용문에 나오는 비용의 단위는 원문에 있는 단위를 그대로 표기하였음을 밝힌다.

인해를 이루어 북을 치고 퉁소를 불기도 하여 매우 소란했다."[19]고 하였다. 지규식 생존 당시에도 정월 대보름날이 되면 여전했던 것 같다. 그리고 지규식은 시로 上元의 회포를 표현하였다. 뿐만 아니라 답교와 불꽃놀이 구경, 지규식 자신이 달에 절하는 모습, 舞童놀이 구경 등을 기술하고 있다. 특히 무동놀이를 구경하고 行下(놀이가 끝난 뒤에 기생이나 광대, 고수에게 주는 보수) 하였다는 사실과, 각 마을의 무동들이 들판에 모여 재주를 뽐내는 모습 등이 눈길을 끈다. 정월 대보름날 저녁 달구경 및 답교 등을 하러 나온 당시 한양 사람들의 모습, 그리고 각 동마다 무동들이 재주를 서로 자랑하고, 또 이들에게 돈(일종의 관람료)을 주었다는 내용들이 주목된다.

(4) 한식

한식은 동지 후 105일째 되는 날을 말한다. 산소에 가서 제사를 지내는(묘제) 풍속은 공자 때부터 생겼으며, 한식날 묘제를 지내는 것은 당나라 때부터 시작된 것이다.[20]

> 오늘은 바로 한식이다. 동생 연식에게 山龜 3형제를 데리고 우산동으로 가게하고, 나는 남한산성으로 가서 법화동에 이르니, 어머니와 처고모 한씨 부인이 먼저 묘지기 집에 도착하셨다. 문후를 마치고 조금 앉아서 다리를 쉰 뒤 祭需 가지고 묘소에 올라가서 차례를 지내

---

19 최대림 역해, 앞의 책, 52~53쪽.
20 위의 책, 69쪽.

고, 묘지기 집으로 내려 와서 점심을 먹었다.…(중략)…조금 전 동문
으로 들어오다가 나오는 榮仁을 길에서 만나 곧바로 尾羅洞 산소로
보냈다.[21]

사제와 榮兒를 廣陵 선영으로 보내어 한식 차례를 지내게 하였다. 박
판서 대감 생신에 초대를 받아서 가서 아침을 먹고 돌아왔다.[22]

아이 榮禮를 광릉 선영에 보냈는데, 法華洞 묘지기 張也가 와서 집에
우환이 있어 한식의 祭需를 준비하지 못하겠다고 했다.[23]

영의가 광릉 선영에 가서 한식 節祀를 지냈다.[24]

지규식이 한식 차례를 산소에 가서 지냈다는 사실과 사정(판서 생
신 초대 등)이 있을 경우 동생과 아들을 보내 묘소에서 차례를 지내
게 했고, 묘지기가 우환이 있어 제수를 장만하지 못했다는 내용도
있다. 그런데 기독교에 입교한 후에는[25] 아들을 선영 묘소에 보내 대
신 차례를 지내게 했다는 기록이 눈길을 끈다.

(5) 초파일과 단오

초파일과 단오 관련 내용이 간략해 함께 살펴보겠다.

---

[21] 〈1891년 2월 28일〉.
[22] 〈1893년 2월 18일〉.
[23] 〈1898년 3월 13일〉.
[24] 〈1906년 3월 12일〉.
[25] 지규식은 기독교 입교 후(1905년 9월 말~1910년) 본인이 차례나 제사를 거의 지내
지 않았다. 그러나 천도교인이 된 후(1911년)에는 지냈다.

저녁을 먹은 뒤 큰길로 나가 달빛과 연등을 구경하고 밤이 깊어 돌아와 잤다.[26]

학도들이 학업을 쉬고 그네(鞦韆)뛰기를 하였다.[27]

4월 8일은 석가모니의 탄신일로, 우리나라 풍속에 이날 등불을 켜므로 燈夕이라 한다.[28] 초파일 다음날 연등 구경을, 단오 날 학생들에게 학업을 쉬게 하고 그네뛰기를 했다는 기록만 간단히 기술하였다. 그런데『동국세시기』에 보면, "단오는 우리나라 도시 풍속에 조상의 산소에 가서 묘사를 지내는 행사는 설날·한식·단오·추석의 네 명절에 한다."[29]고 하였다. 단오가 4대 명절 중에 하나라 이를 의식해서 그런지는 몰라도 학생들에게 학업을 쉬게까지 하고 그네뛰기를 했다는 기록이 흥미롭다.

(6) 초복·중복·말복

초복은 三伏 가운데 첫 번째로 드는 복날로, 하지가 지난 뒤 세 번째 庚日을 말하며, 중복은 하지 후 네 번째 庚日이 되는 날, 말복은 입추가 지난 뒤 첫 번째 庚日이 되는 날이다.

---

26 〈1893년 4월 9일〉.
27 〈1911년 5월 5일〉.
28 최대림 역해, 앞의 책, 79쪽.
29 위의 책, 69쪽.

초복이다. 일을 마치고 모두 本廳에 모여서 술과 고기를 차려 놓고 취하도록 마시고 실컷 먹었다.[30]

중복이다. 술과 고기를 마련하여 諸僚를 모아 놓고 함께 먹었다. 공소 제료에게 100냥씩 分下하였다.[31]

말복이다. 공소에 모두 모여서 술과 고기를 차려 놓고 취하도록 마시고 실컷 먹었다.[32]

삼복 날이 되면 직장 동료들과 술과 고기를 마음껏 먹었음을 알 수 있다. 『동국세시기』와 『경도잡지』에 보면, "『史記』 秦德公 2년에 처음으로 삼복에 제사를 지냈는데, 성 안 사대문에서 개를 잡아 蟲災를 막았다고 했다. 오늘날에도 개장을 삼복 가운데 가장 좋은 음식으로 친다. 지금 풍속에도 복날 개장을 끓여 먹기를 즐긴다."[33]고 하였다. 이 시기나 지금이나 삼복 날 보신탕 먹는 풍속은 변함이 없는 것 같다. 그런데 삼복이 되면 직장 동료들에게 연례적으로 돈을 나누어줬던 내용이 있어 눈길을 끈다.

(7) 추석

『하재일기』에는 추석 관련 기록이 많지 않다.

---

30 〈1893년 5월 29일〉.
31 〈1894년 6월 25일〉.
32 〈1893년 6월 30일〉.
33 최대림 역해, 앞의 책, 101쪽, 243쪽.

　　나는 南城 여행을 떠났다. 점심때가 되어서 북문 밖 법화동 묘지기 집에 이르니 6촌 매씨 金室이 마침 나와서 서로 만났다. 즉시 제수를 마련하여 산소에 올라가 차례를 지내고 바로 성안으로 들어가 친구 朴敬璧 집에 이르러 서로 인사를 나누었다.[34]

　　아이들은 牛山 산소로 보내고, 나는 연식과 南城으로 가서 북문 밖 법화동으로 나가 親山에 올라가 제사를 지냈다. 성 안으로 들어가 박정인 집에 이르니 주인도 성묘하러 가서 아직 돌아 오지 않았다.[35]

　　우산과 법화동 산소에 아이들을 나누어 보내 차례를 지냈다. 아이를 애도하는 시 〈悼兒詩〉 다섯 수의 절구를 追記하였다.

來何遲暮去何忙　　오는 것은 어찌 더디더니 가는 것은 어찌 바쁜가?

九歲恩情一夢場　　9년의 은정이 한바탕 꿈이로구나.

滿室悲傷嗟不及　　집 안 가득 슬픔으로도 미치지 못함을 탄식하니

黃金難得返魂香　　황금으로도 반혼향을 얻기 어렵구나.

〈悼兒詩 5首 중 其 2首〉

阿母哀哀哭復顚　　엄마는 애달프게 울다가 엎어지고

臨門恨不共黃泉　　문에 임하여 황천으로 함께 가지 못함을 한탄 하네.

賴有鶺鴒相護送　　할미새가 서로 호송해 줌을 힘입어

蕭蕭風雨下西天　　쓸쓸한 비바람에 서천으로 내려가네..

〈悼兒詩 5首 중 其 4首〉

---

34 〈1893년 8월 15일〉.
35 〈1894년 8월 15일〉.

추석을 맞은 감회(感懷)를 읊었다.

芋羹松餅□初新　토란국에 솔잎 떡을 새로 차려

堂上慇懃慰母親　마루 위에서 은근히 모친을 위로하네.

姊妹弟兄歎少一　자매와 형제가 한 사람 적다고 탄식하니

今年秋夕最傷神　올해 추석은 가장 마음이 아프네.

-----------(중략)----------

오늘은 더욱 회포를 풀기가 어려워 서산의 伯叔과 부모님 묘소 앞에 올라 배알한 다음 수구의 무덤을 살펴보았으니, 바로 영의 처의 분묘 아래였다. 주위를 한 바퀴 둘러본 다음 오래 머물러 있을 필요가 없어 바로 돌아왔다.[36]

『열양세시기』에 보면, "추석을 일명 嘉俳라 한다. 가배란 이름은 신라에서 처음 시작되었다. 이달에는 만물이 모두 성숙하고 中秋는 또한 佳節이라서 민간에서는 이날을 가장 중요한 명절로 친다.…(중략)…士大夫 이상의 집에서는 설날·한식·추석·동지의 네 명절에는 산소에 가서 제사를 지낸다. 설날과 동지에는 제사를 안 지내는 수도 있으나 한식과 추석에는 성대하게 지낸다. 한식 때 보다는 추석에 더 풍성하게 지낸다. 중국 당나라의 시인인 柳子厚는 병졸·노예·고용인·거지 등도 모두 부모의 산소에 성묘하게 되는 것이 이날뿐이라고 한 것이 바로 이것을 말한 것이다."[37]고 하였다. 지규식 또한 前例대로 추석 차례를 직접 또는 아들들과 나눠서 산소에 가서 지냈다.

36 〈1900년 8월 15일〉.
37 최대림 역해, 앞의 책, 174~175쪽.

그런데 그는 차례와 성묘를 하면서 9살에 죽은 여섯 째 아들과 둘째 며느리의 죽음을 생각하며 作詩를 통해 그 애잔한 심회를 절절하게 표현하고 있다. 여기서 추석 차례를 산소에서 지낸 것이 주목된다.

(8) 납일(臘日)과 제석(除夕)

『하재일기』에는 동지 후 세 번째 미일(未日)인 납일과 섣달 그믐날 밤을 말하는 제석 관련 내용이 소략해 함께 언급하겠다.

> '天行已過'란 4자를 朱砂로 써서 대문 위에 붙여 瘟疫을 물리치게 하였다.…(중략)…온 집안 식구가 臘日 藥水를 먹었다.[38]
> 저녁을 먹은 뒤 학도들을 거느리고 섣달그믐날 밤(除夕) 축하를 거행하였다.[39]

납일은 嘉平節, 臘享日이라고도 하는데, 동지 후 세 번째 未日을 납일로 정한 것은 조선시대부터이다.(고려 때는 戌日) 李睟光은 『芝峯類說』에서 중국 한나라 때의 학자인 蔡邕의 설을 인용하여 '靑帝는 未臘으로써, 赤帝는 戌臘으로써, 白帝는 丑臘으로써, 黑帝는 辰臘으로써 한다.'라고 했다. 그래서 조선은 未에 해당하므로 미일을 납일로 삼았다.[40] 이 날 종묘와 사직단에 큰 제사를 지낸다. 납일에 내린 눈

을 녹여 그 물을 약으로 쓰며, 그 물에다가 물건을 적셔두면 벌레가 생기지 않는다고 한다.[41] 지규식은 납일에 집안 식구와 약수를 먹었다. 납일에 '臘雪水'를 먹는 풍속도 있는데, 이를 따른 것으로 보인다. 그리고 계절에 따라 발생하는 급성전염병(온역) 물리치기 위해 주사로 '천행이과' 글자를 써서 대문에 붙인 것도 눈길을 끈다. 한편, 학생들과 제석 축하를 했다는 내용만 간단하게 기술하고 있다.[42]

을 맡은 서쪽의 신이고, 흑제는 겨울을 맡은 북쪽의 신이다. 조선은 동쪽에 해당하므로 미일로 정한 것이다.(국립민속박물관 민속연구과, 『한국세시풍속전자사전-겨울 편』, 2006, 246쪽 참조)

41 최대림 역해, 앞의 책, 127쪽.

42 『하재일기』에는 연말(12월 말)이 되면 선물하는 물건(歲儀)이나 설에 대접하는 음식(歲饌) 장만 등으로 곤욕을 치룬 기록(〈1894년 12월 30일〉, 〈1893년 12월 26일〉)과 책력인 白粧曆(〈1891년 12월 22일〉), 설날 아침 차례를 마치고 세찬과 함께 마시는 屠蘇酒(〈1902년 12월 30일〉) 등의 기록이 눈에 뜨인다.

02

민속놀이

　『하재일기』에는 민속놀이 관련 기록이 비교적 많은 편이다. 그런데 그 내용이 구체적이지 못해 아쉽지만, 나름대로 의미가 있다고 본다. 그러면 이에 대해 살펴보기로 하자.

(1) 답교(踏橋)놀이

　정월 보름날 밤에 사람들이 거리를 나와 다리를 밟는데, 이를 답교 또는 다리 밟기라고 한다.

> 석촌 김 교관 沂亭이 넘어왔다. 박 참봉 荷亭, 朴錦圃, 조우루, 趙上舍 筱湖, 檢書 少松 등 이웃 士人 10여 명이 서로 더불어 달을 바라보며 踏橋하고, 靑樓 술집에서 실컷 놀고 돌아와 조 상사 서루에 모여 催字 운으로 함께 七言絶句 시를 짓고, 닭이 운 뒤에 흩어져 돌아왔다.

賞燈玩月步相催　등불과 달구경에 발걸음을 재촉하니

士女幽懷一頓開　士女들 그윽한 회포를 한껏 풀어 보누나.

借問楊州今夜路　묻노니 楊州의 오늘 밤 길에

誰看香桶滿車來　香桶 싣고 오는 수레 누가 보았소.[43]

…(전략) 정권과 함께 옷을 걸쳐 입고 대문 밖으로 나가서 수표교에 이르러 달빛과 등불 빛 夜景을 구경하고 돌아오다 청계천시장 앞에 이르니, 달빛과 등불 빛이 서로 어우러져 비치는 속에서 북과 꽹과리를 치며 귀가 따갑도록 노래를 부르고 소리를 지르며, 장안의 청춘 남녀들이 어지럽게 떠들어 대는데 구경할 것이 못 되었다. 그래서 즉시 숙소로 돌아오니 대략 삼경쯤 되었다.[44]

저녁이 된 뒤 한용식과 이영균 諸益과 짝을 지어 달빛 아래를 거닐며 다리를 밟고 청나라 물건을 파는 가게에서 불꽃놀이를 구경하다가 돌아왔다.[45]

양반들과 답교하고 술집에서 놀고 돌아와 시로써 감회를 표현하거나, 지인들과 다리 밟기 한 일을 기술하고 있다. 그리고 한양의 경우 수표교나 청계천 시장 등 소위 오늘날의 중심지 같은 곳에서는 다리 밟기 하러 나온 사람들이 굉장히 많았고 시끌벅적 했었음을 알 수 있다[46] 『동국세시기』에 보면, "다리 밟기는 주로 대광통교와 소광통

43 〈1893년 1월 15일〉.
44 〈1891년 1월 15일〉.
45 〈1897년 1월 15일〉.
46 〈1891년 1월 15일〉. 주 16) 참조. 그런데 지규식은 이날 밤 집에 돌이와 "두서너 명의 낭자가 阿郞이란 신곡 新曲을 겨루어 부르고서 서로 희학질을 하고 있었다." 기술

교(지금의 청계천 입구에 있는 광교) 및 수표교에서 가장 성행했는
데, 사람들로 인산인해를 이루어 북을 치고 퉁소를 불기도 하여 매우
소란했다.…(중략)…이수광의 『지붕유설』에서는 보름날 밤의 다리
밟기는 고려 때부터 시작됐으며, 태평 시에는 매우 성행하여 남녀들
이 밤새도록 줄을 이었던 까닭에 나라에서는 이를 금지하여 체포·구
금까지 하게 됐다고 했다. 그래서 오늘날 부녀자들의 다리 밟기 풍속
이 없어졌다고 했다."[47]고 하였다. 그런데 지규식 생존 시기에는 이
수광의 기록처럼 부녀자들의 다리 밟기 풍속이 없어지지 않고 부녀
자들이 행했음을 알 수 있다. 당시의 답교놀이의 실상을 짐작할 수
있어 자료적으로 가치가 있다고 하겠다.

(2) 무동(舞童)놀이

『하재일기』에는 舞童과 관련된 내용들이 다른 놀이들 보다 많다,
여기서는 편의상 무동놀이로 칭한다.

> …(전략)윗 마을 舞童들이 문 앞에 와서 놀이를 하여 돈 20냥을 行下
> 하였다. 正內 25냥 어치를 사 왔다. 동네 아이들이 무동놀이를 하였다.
> 위아래 마을로 편을 갈라 큰길에서 요란하게 북과 꽹과리를 치고 퉁소
> 와 피리를 불며 밤새도록 시끄럽게 하였다.[48]

하면서 7언 절구 1수(懷春兒女唱阿郞 춘정을 그리는 아가씨들 阿郞을 唱하고 〈후
략〉…)를 지었는데, 여기서 아랑을 언급한 기사가 눈길을 끈다.
47 최대림 역해, 앞의 책, 53~54쪽.

동내 舞童들이 회사 안에 들어와서 한바탕 놀았으므로 돈 20냥을 行下하였다. 아랫동네 무동에게 20냥을 행하고, 또 10냥을 내가 별도로 주었다.[49]

石村과 簇洞의 무동들이 院中에 들어와서 놀려고 할 무렵 석촌의 무동들이 무단히 화를 내서 돌아갔다. 이날 밤에 떼를 거느리고 와서 못된 행실을 부리고자 하여, 원중의 사람들이 일제히 지휘하여 그놈들을 맞이해 싸우니 각자 도망갔다.[50]

정월 보름이 되면 지규식이 살았던 경기도 광주 분원 마을에서도 무동놀이를 했는데, 이러한 무동놀이는 각 마을의 아이들이 무동이 되어 했던 것으로 보인다. 그리고 무동놀이가 끝나면 무동들에게 일종의 수고비를 주었던 것 같다. 그런데 무동놀이를 해서 돈을 받으려고 했던 무동들이 못하게 되자 행패를 부리기도 하였고, 마을 간에 무동놀이를 하다가 승리를 다투어 시비 분쟁이 일어나기도 했다는 사실을 알 수 있다. 무동놀이는 자료적으로 가치가 있다고 본다.

(3) 연등과 추천(鞦韆), 산대(山臺)놀이

『하재일기』에는 연등과 추천, 산대놀이 관련 기록들이 매우 적을 뿐만 아니라 간략하다. 살펴보기로 하자.

---

48 〈1895년 1월 14일〉.
49 〈1899년 1월 15일〉.
50 〈1899년 1월 16일〉.

저녁을 먹은 뒤 큰길로 나가 달빛과 연등을 구경하고 밤이 깊어 돌아와 잤다.[51]

금 선달 부인이 그네에 올라 높이 뛰다가 그네 줄이 낡아 끊어져서 공중에서 아래로 떨어져 지금 사경을 헤매고 있다. 매우 놀랄 일이다.[52]

학도들이 학업을 쉬고 그네(鞦韆)뛰기를 하였다.[53]

山臺牌 놀이 비용이 적지 않게 든다고 하여 돈 10냥을 도와주었다.[54]

4월 초파일 연등과 5월 단오 날 그네뛰기, 서울 및 경기도에서 전승되던 가면극인 산대놀이에 대하여 기술하고 있다. 『동국세시기』에 보면, "연등놀이는 원래 중국에서 하던 행사였는데, 우리나라에서 4월 8일 연등놀이가 행해진 것은 고려 때 최이가 시작하면서부터이다."[55] 그리고 『경도잡지』에 보면, "단오 날 항간에서는 부녀자들의 그네뛰기(추천희)가 매우 성하다."고 하였다.[56] 지규식 생존 시기에도 부녀자들의 그네뛰기가 성했던 것으로 보이며, 위의 인용문에서 보듯 한 부인이 그네를 타다 줄이 끊어져 사경을 헤매고 있다는 사실로 보아도 이를 짐작할 수 있다. 그리고 학생들이 학업을 쉬고 그네뛰기를 하였다는 기사도 눈길을 끈다. 한편, 산대패들에게 산대놀이를 하게 하려면 비용이 든다는 기록들이 있어 흥미롭다.

51 〈1893년 4월 9일〉.
52 〈1894년 5월 5일〉.
53 〈1911년 5월 5일〉.
54 〈1897년 4월 14일〉.
55 최대림 역해, 앞의 책, 80쪽.
56 위의 책, 240쪽.

(4) 남사당놀이와 꼭두각시놀음

여기서는 남사당놀이와 꼭두각시놀음에 대하여 살펴보겠다.

> 남사당패가 해가 저물어서 왔다. 저녁을 주게 하고 내일 아침에 내
> 어 보내라고 신칙하였다.[57]
> 괴뢰패들이 아랫마을에 들어와 '노치(老癡)'로 밤놀이(夜戲)를 벌였
> 다. 그러므로 내가 절구 한 수를 지어 읊었다.
>> 試問西庄大小兒　서장의 크고 작은 아이들에게 묻노니
>> 此何世界此何時　지금이 어느 세상이며 어느 때인고?
>> 登場傀儡工還熟　등장한 꼭두각시 재주가 익숙하니
>> 簸弄世人人不知　세상 사람을 놀려 대도 사람들은 모르네.[58]

남사당놀이는 일명 남사당패(牌) 놀이라고도 불리는데, 말 그대로
'남자들로 구성된 유랑광대극'으로서 원래 유랑예인들이 널리 행하
던 다방면의 한국 전통 민속공연이다. 위의 인용문을 보면, 마을이나
공공장소를 돌아다니면서 공연을 한 것으로 보인다. 그리고 꼭두각
시놀음은 우리나라 전래의 민속인형극으로 주로 남사당패에 의하여
연희되었다. 지규식은 꼭두각시놀음에 대한 감회를 시로 표출시켰
다. 꼭두각시놀음은 자료적으로 가치가 있다고 하겠다.[59]

---

57 〈1905년 7월 23일〉.
58 〈1906년 6월 28일〉.
59 참고로 『하재일기』에는 僧徒牌 관련 기록 ("수원 승도패가 원중에 들어와 유희를

(5) 골패(骨牌)와 바둑

골패는 宣和牌라고도 하는데, 뼈로 만든 패에 새겨진 구멍의 숫자와 모양에 따라 짝을 맞추는 놀이 혹은 놀이 도구를 말한다. 그리고 바둑의 본디 말은 『두시언해』나 『박통사언해』에는 '바독'[60]이라 불렀다. 우리나라의 경우 바둑은 삼국시대부터 성행하였다. 여기서는 극히 간단하게 기록되어 자료소개만 하겠다.

아침을 먹은 뒤에 姨姪 俊昌이 내방하였다. 비가 와서 외출하지 못하고 宣永集과 함께 골패놀이를 하였다. 이날 밤은 곧 정인의 조부 忌日이다.[61]

춘헌에 가서 상투 백호를 치면서 정담을 나누었다. 우천에 나갔다가 오후에 들어왔다. 땔나무 값이 8냥 8전이요, 담뱃값이 2전이다. 밤에 춘식과 바둑 실력을 겨루었다.[62]

하겠다고 하여 洞中에 신칙하여 집을 배정하여 그들에게 식사를 대접하게 하였다."(1900년 11월 3일) ; "승도패 行下錢은 동중에서 100냥을 행하 하였다. 崔良善에게서 우선 꾸어서 주고 동중에 분배하여 추렴하게 하였다."(1900년 11월 4일))이 있어 눈길을 끈다.

60 바회예 받 갈 저긔 바독쟝긔롤 나 소노라(『두시언해』 초 3 ; 6) ; 오늘 비오니 졍히 바독 두미 됴토다(『박통사언해』 상 ; 2)

61 〈1892년 2월 5일〉.

62 〈1892년 2월 18일〉.

03
의례

(1) 국가의례(國家儀禮)

국가의례는 『國朝五禮儀』를 기준으로 吉禮, 嘉禮, 凶禮, 賓禮, 軍禮
등으로 나눌 수 있다. 『하재일기』에는 嘉禮와 凶禮 관련 내용만 있다.
여기서는 백성들의 嘉禮·凶禮 실행을 중심으로 살펴보겠다.

嘉禮의 경우, 황제 즉위기념일과 탄신기념일 관련 기록만 있다. 먼
저 황제 즉위 기념일에 대해 살펴보자.

> 오늘은 곧 大皇帝 폐하께서 황제에 즉위하신 보위 4회 慶節이다. 조
> 정과 민간이 함께 기뻐하였다.[63]
> 繼天紀元節이다. 경축하기 위해 학교에서 연등하고 만세를 부르고

---

63 〈1900년 9월 17일〉. 참고로 본고에서 제시한 月日은 모두 음력이다.

밤이 깊은 뒤에 모임을 마쳤다.[64]

　　황제 폐하 즉위 예식 기념 경축식을 거행하였다. 밤에 〈愛國夫人〉연극 놀이를 하였다.[65]

　위의 첫 번째 인용문은 고종의 황제 즉위 4년을 조정과 민간에서 함께 축하한 내용이고, 두 번째 인용문은 고종이 光武皇帝로 즉위한 기념일(繼天紀元節)을 경축하기 위해 연등과 만세를 불렀다는 내용이다. 그리고 세 번째 인용문은 순종황제 즉위기념일 경축식 내용이다. 황제 즉위기념일이 되면 국가적으로 기념행사를 하였음을 알 수 있는데, 학교에서 연등을 달고 학생들에게 만세를 부르게 한 대목이 흥미롭다.

　다음은 탄신일에 대해 살펴보기로 하자.

　　대황제폐하 萬壽聖節이다. 경축을 하기 위해 학교 안에서 성대하게 준비를 하였다. 온 洞이 집집마다 연등하고 학교 안의 등불 빛이 앞뒤를 환히 비추었다. 학도 40여 명이 일제히 애국가를 부르고 술과 음식을 장만하여 노소가 함께 즐겼다.…(중략)…나는 일찍이 이웃 아이들에게 체조법을 가르친 적이 있다. 오늘 그들이 燈樹를 많이 설치하고 애국가를 부르며 춤을 추어 경축하니 그 거동 또한 구경할 만하였다. 교회당으로 불러들여서 한 차례 구경하고 나니 밤이 깊었다. 귀천 김 국장 일행과 여러 빈객들을 동구 밖에서 전별하였다. 沿路의 문 앞에는

64　〈1906년 9월 17일〉.
65　〈1910년 7월 23일〉.

燈燭이 환히 비추고 사녀들이 시끄럽게 떠들어 대니 몇 백 년 이래 처음 보는 壯擧이다. 위 洞에도 예수교회당이 있는데 또한 연등하고 경축하였다.[66]

황태자 전하의 千秋慶節이다. 학도들을 거느리고 경축하였다. 만세를 부르고 燃燈하고, 밤이 깊은 뒤에 집회를 마쳤다.[67]

양력으로 새로 제정한 乾元節이다. 학도들이 운동장에 松門을 만들었다. 저녁을 먹은 뒤 연등하여 경축하고 밤이 깊은 뒤 집회를 마쳤다.[68]

첫 번째 인용문은 고종황제의 탄신일을 경축하는 내용이다. 지규식은 1906년부터 학교설립자의 일원으로 학교운영에 참여했을 뿐만 아니라 학생들을 가르치기도 하였다.[69] 그래서 그는 고종황제의 탄신기념일인 萬壽聖節[70]을 맞이하여 학교 안에서 성대한 준비를 하였을 뿐 아니라 분원 주변 마을 집집마다 연등을 달았다. 그리고 학교에서도 연등과 함께 학생들에게 애국가와 춤을 추어 경축케 하였다. 뿐만 아니라 마을의 노소가 술과 음식을 장만하여 함께 경축하고 즐겼다는 내용으로, 경기도 광주 분원 주변 마을과 학교에서의 경축 광경을 사실적으로 기술하고 있다. 두 번째 인용문은 황태자(순종) 탄생기념일 경축하고 만세와 연등을 했다는 내용이다. 세 번째 인용

---

66 〈1906년 7월 25일〉.
67 〈1907년 2월 8일〉.
68 〈1909년 윤2월 4일〉. 건원절은 1908년부터 대한제국 순종 황제의 탄생을 기념한 날로, 양력으로는 2월 25일이다.
69 김소영, 앞의 논문, 80~90쪽 참조.
70 대한제국 光武 원년(1897)에 황제의 탄생기념일을 '萬壽聖節', 황태자의 탄생기념일을 '千秋慶節'로 정하였다.

문은 1908년부터 순종황제의 탄신기념일(乾元節)을 맞아 학생들과 송문과 연등을 달아 경축했다는 내용이다.

이로써 보건대, 황제나 황태자(특히 황제)의 탄신기념일이 되면 국가적인 행사로 정부와 백성들이 성대하게 경축식을 거행하였음을 알 수 있다. 여기서 학교에서 연등을 달고 만세를 부르고 특히 애국가를 제창했다는 기록이 눈길을 끈다.[71] 백성들이 국가적인 경축 행사를 제대로 실행하고 있음을 엿볼 수 있다.

다음은 흉례(凶禮) 가운데 궁중 상례에 대해에 언급하겠다.

> 春葉 편에 익준이 편지를 보내어 도착하였다. "국모가 살해되어 석유를 뿌려 태워서 재가 되었는데, 官報에는 이르기를 '廢位시켜 서인을 삼아 궁 밖으로 내쳤다'고 하였다. 玄興澤은 상처를 입고 법부로 移囚되고, 李允用 형제와 崔鶴奎·柳同根은 모두 경무청에 수감되었으며, 탁지대신 沈相勳은 의관을 벽에 걸어 놓고 관직을 버리고 도주하고, 魚允中이 다시 임명되었다."고 하였다. 궁내부대신 李載憲과 협판 金宗漢은 다시 복직되었다.[72]
>
> 황혼에 병풍과 장막을 洞口에 설치하고 노소가 일제히 모여 望哭하고 白笠과 白衣를 입었다.[73]
>
> 사람들이 일어나 와서 시끄럽게 떠들었다. 囚山 發靷을 구경하러 나

---

[71] 이밖에도 개국기원절 경축식 행사를 치렀다는 간략한 내용(〈1910년 7월 10일〉)과 釋奠大祭에 例送錢 23냥을 마련하여 沈元根에게 보냈다(〈1981년 2월 1일〉)는 간단한 내용도 있다.

[72] 〈1895년 8월 24일〉.

[73] 〈1895년 11월 4일〉.

가니, 李副尉도 졸다가 일어나 나를 데리고 큰 거리로 나갔다. 闕門에서 □□문 대로까지 좌우 두 줄의 紅紗燈이 휘황찬란하게 비추었고, 士女들이 달려와 모였다. 처음부터 끝까지 구경하고 청나라 사람 茶肆에 들어가 李永均과 만두 한 주발을 먹었다. 이어 광교로 올라가 조금 누웠으니 아침 해가 유리창을 쏘았다.…(생략)…수레가 비로소 그 威儀를 나타내었는데, 성대하기가 이전에 비하여 장관이었다. 바로 동현(銅峴) 익준(益俊)의 집으로 돌아와 아침밥을 함께 먹고 종일 누워 있었다. 저녁밥을 먹은 뒤 둘째 아들 영의(榮義)가 왔다.[74]

皇后의 返虞 大駕와 皇太子가 還宮하기에 동문 밖에 나가 구경하고 돌아왔다. 밤에 비가 왔다.[75]

明憲太后 因山 제례를 지냈다. 온 백성이 구경하는 자가 매우 많았다고 하였다.[76]

大王大妃殿 朞年喪 喪期를 마치는 날이다. 온 동리 노소들이 楊柳郊에 포장을 치고서 望哭하고 돌아왔다.[77]

純明妃 朞年 喪期를 마치고 喪服을 벗고 나서 일반 관리는 모두 머리를 짧게 깎았다. "의복은 짙은 푸른색과 짙은 검은색으로 만들어 입고 엷은 옥색 옷(淺淡服)은 일체 엄금한다."고 하였다.[78]

위의 첫 번째 인용문~네 번째 인용문들은 민비 시해에서 返虞까지

[74] 〈1897년 10월 27일〉.
[75] 〈1897년 10월 28일〉.
[76] 〈1904년 1월 29일〉.
[77] 〈1891년 4월 16일〉.
[78] 〈1905년 9월 28일〉.

의 기록이다. 첫 번째 인용문은 1895년 8월 20일 민비가 일본인들에
게 살해당하고, 그 시신은 석유를 뿌려 불태워졌으며, 폐위되어 서인
으로 강등되었다는 내용이다. 여기서 민비가 살해되어 시신이 불태
워져서 재가 되어 버려졌다는 기록을 주목할 필요가 있다. 그런데
지규식은 민비 살해와 시신 소각 등에 대하여 자신의 느낌이나 생각
을 기술하지 않고 들은 사실만 담담하게 기술하고 있다. 두 번째 인
용문은 1895년 11월 4일 국상(민비의 상)을 당해 지규식이 사는 분원
마을 남녀노소가 장막을 설치하여 모두 望哭하고 白笠과 白衣를 입
었다는 내용으로, 死後 약 45일 경에 백립과 백의를 입었다는 기록이
눈길을 끈다. 세 번째 인용문은 明成皇后의 因山 發靷 장면으로 굉장
히 성대했음을 알 수 있고, 이를 구경하였던 지규식은 그 광경을 기
록으로 남겼다.[79] 민비는 살해 후 廢位되어 庶人으로 강등되었다가
1897년 高宗이 대한제국을 선포하고 황제로 즉위하면서 明成이라는
시호가 내려지고 황후로 추봉되었다. 죽은 지 2년 만에 가서야 국장
으로 치러졌다. 여기서는 그 내용을 기술한 것으로, 민비의 상례가
제때 행하여지지 못하였음을 알 수 있다. 위의 내용들을 살펴보면,
국모라 할 수 있는 민비에 대한 백성들의 관심과 애도가 대단했음을
엿볼 수 있다. 그리고 약소국인 대한제국의 당시의 실상을 엿볼 수
있다. 네 번째 인용문은 명성황후의 返虞(返哭과 虞祭) 大駕와 황태자
의 환궁을 구경한 내용이다. 다섯 번째 인용문은 憲宗의 繼妃인 明憲
太后(孝定王后) 因山 제례에 관한 기록으로 구경꾼이 매우 많았음을

---

79 현재 이화여대 박물관에는 작자미상의 '明成皇后發靷班次圖'가 소장되어 있다.

알 수 있다. 여섯 번째 인용문은 1890년 6월 4일 승하했던 趙大妃(翼宗의 妃였던 神貞王后)의 碁年 喪期를 마치고 분원마을 남녀노소들이 布帳을 치고 望哭하고 돌아왔다는 내용이다.[80] 일곱 번째 인용문은 1905년 9월 28일 純宗의 황태자비였던 純明妃(1904년 9월 28일 별세. 추후 純明孝皇后로 추봉)의 碁年 喪期를 마치고 상복을 벗고 나서 일반 관리는 모두 단발토록 하였다. 그리고 의복은 짙은 푸른색과 짙은 검은색으로 만들어 입고 엷은 옥색 옷은 입지 말라고 지시한 내용을 기록하고 있다. 여기서 관리들에게 단발을 시행케 하는 내용이 눈길을 끈다.

이상에서 민비의 상례를 제외하고는 궁중 상례를 종전처럼 절차에 의해 제때 제대로 치루고 있었을 뿐만 아니라 백성들도 정부의 명에 따라 이를 잘 실행하였던 것으로 보인다. 그리고 일본인들이 민비를 살해하고 불태워 재로 변한 시신을 버린 사실이 눈에 뜨인다.

(2) 출산의례

『하재일기』에는 지규식 집안과 관련된 출산의례 관련 기록은 적은 편으로, 대부분 해산 관련 꿈과 출산에 대한 내용이다. 먼저 아들 해산 꿈과 득남에 대한 내용을 살펴보면, 지규식은 아내가 여섯 째 아들 수구(水龜)를 해산하는 꿈을 꾸고 갑자기 깨어났는데, 아내의 신음소리를 듣고는 집안 청소와 세수를 하고 향을 피우는 등 집안과

---

80 참고로 조대비의 경우, 6월 9일부터 白笠과 白衣를 입었다.

몸을 깨끗하게 하였을 뿐만 아니라, 아내의 순산을 위해 약을 달여 먹었다. 여기서 출산에 임하는 지규식의 마음가짐을 엿볼 수 있다. 그리고 편지를 붙이려고 잠깐 외출했다 집으로 돌아오니 어머니로부터 아들을 낳았다는 말씀을 듣고 기쁘고 행복한 심정을 기록으로 남겼다. 그런데 지규식은 며느리의 득녀에 대해서는 순산하여 다행이지만 아쉬움 심정을 표출시키고 있다. 여기서 당시의 남아선호사상을 감지할 수 있다.[81]

먼동이 틀 무렵에 집사람이 해산하는 꿈을 꾸고 갑자기 깨어 보니 신음 소리가 들렸다. 내가 일어나 집 안을 깨끗이 하고서 세수하고 향을 피우고 급히 불수산(佛手散) 1첩을 달여 먹었다. 마침 백토의 일로 인하여 원주 최명극(崔明極)에게 편지를 써서 상경하는 짐꾼에게 부치려고 외출했다가 조금 있다 돌아와 대문에 들어서니 이미 아이를 낳았다. 고고지성(呱呱之聲)을 지르며 울어 대어 해를 보니 벌써 사시(巳時)가 되었다. 마음이 몹시 기쁘고 행복하였다. 어머님께서 크게 기뻐하시며 나에게 "네 처가 또 생남을 하였으니, 문호(門戶)가 크게 번창할 모양이다." 하시기에 내가 "네, 네" 하고 사랑으로 물러나왔다.[82]

며늘아기가 해산할 조짐이 있어서 정영달(鄭英達) 가게에서 미역 1속(束)을 23냥에 샀다. …(중략)… 오늘 진시(辰時)에 며늘아기가 딸

---

81 그런데 지규식의 광주 분원에서 궁중에 태항아리 등을 납품하고 있었다는 기록((1897년 9월 14일))이 있어 눈길을 끈다. 하지만 이에 대한 자세한 기록을 찾아볼 수 없어 아쉽다.
82 (1892년 11월 26일).

을 낳았다. 비록 아들을 낳은 것만 못하나 순산하였으니 매우 다행스
럽다.[83]

출산의례의 경우, 종전과 다른 모습은 거의 찾아볼 수 없다. 그리
고 남아선호사상은 양반뿐 아니라 중인이나 평민들까지도 여전하
였음을 알 수 있다. 그렇지만 아내나 며느리의 해산의 고통과 과정
을 보고 이에 임하는 지규식의 마음가짐이나 태도 등을 통해 그의 인
간적인 면모를 엿볼 수 있었다는 점에서 나름대로 의미는 있다고 하
겠다.

(3) 관례

지규식이 일기를 썼던 시기는 갑오개혁과 단발령, 정치·사회적 혼
란과 경제적 피폐, 민란 및 외세의 침략 등으로 조선 왕조의 멸망 직
전과 일제강점 초기까지였던바, 당시 실제로 행했던 관례에 대한 기
록을 찾아보기가 쉽지 않다. 그런데 『하재일기』에는 관례 관련 기록
들이 많지는 않지만 변화의 일면을 엿볼 수 있는 기록이 있다. 이에
대해 살펴보기로 하자.

문구(文龜) 관례에 신을 마른신(건혜(乾鞋))을 일찍이 팔곡(八谷) 혜
공(鞋工)에게 부탁하였는데 아직 만들어 놓지 않아서 낭패스럽게 되었

다. 그러므로 서울로 전인하여 보내 사오게 하려고 신석주에게 편지하였다.[84]

익준 아들 진복(鎭福)이 관례를 행한다. 내가 가서 보니 사제 연식이 상투를 매어주고 옷을 입히고 정제(整齊)하기를 마쳐서 내가 축을 읽고 사당에 고함을 돕고 돌아왔다.[85]

이른 아침에 귀천 김 판서 댁에 갔다. 김 좌랑 자제의 관례에 내가 복인(福人)으로 상투를 짜고 삼가(三加) 후에 내려왔다.[86]

-판독불가-관례를 행하였다. 이른 아침에 사당에 고한 다음 예를 행하고 술과 국수를 약간 준비하여 제공하였다.[87]

재구(再龜)가 관례를 행하였다. 술과 음식을 마련하여 이웃 친구와 동료를 초대하여 함께 마셨다.[88]

위의 인용문 내용들은 간단하지만 관례 준비과정과 의식절차 등을 기록하고 있어 나름대로 의미가 있다. 그런데 관례 의식절차는 시행시기만 빼고는 이전과 다르지 않은 것 같다. 그리고 관례 다음 날 혼인 날짜를 잡는 것으로 보아 혼례 절차 속에 포함된 간략화한 관례 절차로 보인다. 여기서 눈여겨 볼 것은 관례는 보통 1월에 행하는데,

---

84 〈1895년 4월 2일〉. 참고로 지규식의 셋째아들 문구는 4월 3일에 관례를 ["문구 관례를 치렀다. 주과(酒果)를 간략히 마련하여 모모를 접대하였다."〈1895년 4월 3일〉] 그리고 4월 15일에 혼례를 했다. ["문구 혼례가 순조롭게 이루어졌다. 중당(中堂)에 잔치를 베풀고 찾아온 손님을 정성껏 대접하였다."〈1895년 4월 15일〉]

85 〈1893년 1월 12일〉.

86 〈1893년 12월 12일〉.

87 〈1898년 10월 13일〉.

88 〈1894년 1월 8일〉.

인용문들을 보면, 1월·4월·10월·12월에 관례를 했다. 양반이 아니었던 지규식은 아들들 혼례를 앞두고 관례를 행했던 것으로 보인다. 그런데 양반인 김 좌랑은 아들 관례를 12월에 한 것이 눈길을 끈다. 이 당시에는 정월에 관례를 행했던 것은 아닌 것 같다. 이 시기에는 관례가 엄격하게 지켜지지 않았을 뿐 아니라 그 절차도 점차적으로 축소되었던 것으로 보인다. 그리고 양반이 아닌 평민들은 대부분 혼례 전에 관례를 행하는 것이 관습화되다시피 했던 것 같다. 시행시기의 다변화된 모습을 엿볼 수 있다.[89]

(4) 혼례

『하재일기』에는 혼례 관련 기록들, 특히 과정과 절차 등에 대한 세분된 기록들(의혼에서부터 현구고례와 묘현까지)이 많을 뿐 아니라 변화를 엿볼 수 있는 내용들이 있다.

먼저 혼사를 의논하는 의혼의 경우, 혼사를 파기하는 기록들이 빈번하게 등장한다.

> 남성 처남 한시규(韓始奎)가 내려왔다. 임씨(林氏) 규수가 나이 18세인데, 재구(再龜) 혼사를 언급하여 승낙을 받고 전인하여 왔다고 하였다.[90]

---

[89] 관례는 1895년 단발령 선포를 기점으로 크게 변모된다. [졸고, 「개화기에서 일제강점기까지 관·혼·상·제례의 지속과 변용」, 『동아시아고대학』 제30집(동아시아고대학회, 2013), 155~191쪽 참조]

재구의 사주(四柱)를 써서 한시규에게 주고 임씨 집에 보내어 택일
하여 속히 알려 달라고 신신 부탁하였다.[91]

남성 임봉재(林奉才)가 내려왔다. 혼사를 의논하였으나 흔쾌히 허락
하지 않고 뒤에 마땅히 의논하여 결정하겠다고 하였다.[92]

남성 안씨 댁 규수와의 혼사가 중간에 파의(破議)하였다고 하므로,
나도 모르게 놀라고 의아해서 한시규에게 편지를 부쳤다.[93]

박소성(朴小成)이 서울에서 왔는데, 김익준의 편지를 보니, 딸아이
혼사가 궁합이 맞지 않은 이유로 다른 곳으로 정했다고 했다.[94]

첫 번째~세 번째 인용문은 지규식이 둘째아들의 혼사를 성사시키
려고 했으나 성사시키지 못했다는 내용이다. 그리고 궁합이 안 맞는
다는 등의 이유로 혼사가 성사되지 못한 경우도 있었음을 짐작할 수
있다. 이 시기에는 혼사를 논의할 때 개화되어 가는 과정 때문에 그
런 것인지는 몰라도 종전보다 파기하는 경우가 흔했던 것으로 보인
다. 더구나 혼인 약속을 해놓고 파혼하는 경우도 있었다.[95]

---

90 〈1893년 2월 11일〉.
91 〈1893년 2월 12일〉.
92 〈1893년 2월 15일〉.
93 〈1893년 11월 6일〉.
94 〈1899년 10월 27일〉.
95 "안정기(安鼎基) 선달이 서울에서 편지를 보냈다. "장시를 도로 우천으로 내보내
라고 말하고, 또 그 여혼(女婚)을 이미 남한산성에 정하였으나 지금 갑자기 서울에
서 정혼할 곳이 생겼다고 하고, 선의 집에 파혼하겠다는 뜻을 기별하여 주라."고
말하였다. 그러므로 어제 안의 편지 내용을 전인하여 선가에게 알렸더니 한시규
가 전인하여 왔다. 선영순(宣永淳) 편지를 보니 크게 불안해하는 생각을 가지고 있
었다. 그러나 일이 이미 위와 같이 되었으니 어찌하겠는가? 다시 다른 규수를 구하
라고 답서를 써서 보냈다."(〈1904년 1월 17일〉)

다음은 택일과 혼수에 대해 살펴보기로 하자. 택일의 경우, 관련 기록 들이 많다. 그런데 신부 집에서 택일을 하는 것이 예(禮)인데, 신랑 집에서 하는 사례도 있었다.

> 밤에 이이선(李二先) 집에 가서 재구의 혼사 날을 택일하여 왔다. 납폐(納幣) 정월 29일, 전안(奠雁) 2월 18일, 우귀(于歸) 2월 24일이다.[96]
>
> 영의(榮義) 혼인날을 택일하여 정했다. 납폐(納幣)는 이달 10일, 전안(奠雁)은 이달 21일이다.[97]
>
> 여아 혼인날을 택일하였다. 납폐(納幣) 2월 6일, 전안(奠雁) 4월 2일, 우귀(于歸) 4월 6일이다. 택일을 기록하여 한시규에게 부쳤다.[98]
>
> 용인 박 오위장 집에서 사람을 보내왔는데, 박정인(朴正寅)의 편지를 보니, 질녀 혼사는 이달 20일에 납폐(納幣)하고 28일에 전안(奠雁)한 날로 전하여 보내고, 우귀(于歸)는 택일해서 보낸다고 했다.[99]
>
> 김희묵 참봉 편지와 가아(家兒) 편지가 아울러 도착했다. "가내가 무고하고, 둘째 아이 혼사는 처음에 이달 12일 납폐(納幣), 25일 전안(奠雁)으로 택일하였으나 내가 객지에 있기 때문에 뒤로 물리어 10월 5일 납폐, 30일 전안으로 고쳐 택일했다."고 하였다.[100]

지규식은 아들과 딸의 혼인날을 자신이 택일하였다. 그리고 조카

96 〈1894년 1월 9일〉.
97 〈1904년 1월 5일〉.
98 〈1901년 1월 19일〉.
99 〈1897년 9월 14일〉.
100 〈1900년 9월 17일〉.

딸의 택일도 신랑 집에서 보낸 것으로 보인다. 이로써 보건대 이 당
시에는 택일도 반드시 신부 집에서 정했던 것은 아니었던 것 같다.
그리고 신랑 집안에 사정이 있을 경우, 신부 집에서 택일을 조정한
것을 보면, 신랑 집에서 혼사를 주도했던 것으로 보인다.[101] 다음은
혼수에 대해 살펴보자.

> 종루로 나와 김경여(金敬汝)를 보고 혼수에 관한 일을 말하니, 김경
> 여가 말하기를, "내일 마땅히 해 주겠네." 하였다. 돌아오다가 동현(銅
> 峴) 은방(銀房)에서 비녀와 반지 개조한 것을 찾아왔는데, 공전(工錢)이
> 20냥이다.[102]
> 김경여·신석주(申石主)와 함께 입전(立廛)에 가서 여러 가지를 흥정
> 했더니 합계가 1,080냥이었다. 또 백목 5필 값이 162냥이다. 김경여에
> 게서 돈 100냥이 오고, 신석주에게서 돈 28냥 5전이 와서 자질구레한 여
> 러 가지를 산 다음 광교로 돌아와 안영기(安永基)를 보고 작별하였다.[103]
> 서구(笠龜)의 납폐(納幣)를 유용현(柳龍賢)과 김진한(金鎭漢)에게 가
> 져가도록 보냈다. 강 진사(姜進士)도 동행했다가 초경(初更)이 지난 뒤
> 돌아왔다. 신부 집에서 이불솜을 준비하지 못해 신랑 집에서 준비해

---

101 지규식의 아들의 혼인 나이는 대략 16세(만 15세) 전후로 나타났다. 그런데 갑오개
   혁 때 정부에서 "남녀의 조혼을 엄금하고, 남자는 20세 여자는 16세 이후라야 비로
   소 혼인을 허락한다."[『고종실록』, 고종 31년(1894) 6월 28일.]고 했지만, 지규식
   의 자녀들은 여전히 조혼을 하였다. [박은숙, 「경기도 분원 마을 지규식의 자녀 혼
   사와 사돈 관계(1891~1910)」, 『한국인물사연구』 제19호(한국인물사연구회, 2013),
   29~63쪽.]
102 〈1898년 10월 4일〉.
103 〈1898년 10월 5일〉.

보내야 이불을 재봉할 수 있다고 했다.[104]

　의아(義兒) 혼례의 납폐 물품을 아직 변통하지 못하였다. 이취홍(李取弘)을 찾아가서 서울 친분있는 곳에 채단(綵緞) 몇 가지를 부탁해 얻도록 편지 1통을 써 달라고 청하니 수락하였다. 값은 얼마가 되었든 간에 며칠 전 우상옥(禹相玉)에게 그릇 2천여 냥 어치를 내주어 서울에서 팔게 하였으니, 이 돈이 들어오는 대로 마련해 갚기로 약속하였다.[105]

　지규식의 넷째아들 혼수 관련 기록으로 당시의 혼수 장만 실상(특히 중인 출신)을 참고할 수 있다. 특히 신부 집이 가난해 이불을 준비 못해 신랑 집에서 마련해 보냈다는 대목이 눈길을 끈다. 조선시대 사대부들의 혼례 기록들을 보면, 태반은 사치스럽고 과다한 혼례비용으로 인해 가정경제에 심각한 문제를 야기 시킬 지경에까지 이르렀던 것이 사실이다. 『임하필기』에도 이유원(1814~1888)이 혼수를 절약하려 애쓴 흔적을 엿볼 수 있다.[106] 그러나 이 같은 경우는 소수에 불과했다.[107]

---

104 〈1898년 10월 10일〉.

105 〈1904년 10월 7일〉.

106 졸고, 「의례와 경제-관·혼·상·제례를 중심으로-」, 『비교민속학』 제27집(비교민속학회, 2004), 239~262쪽 ; 졸고, 「임하필기에 나타난 의례 연구」, 『동아시아고대학』 제24집(동아시아고대학회, 2011), 297~330쪽 참조.

107 참고로 이 당시에도 혼인 때 권문세가의 횡포가 여전했던 것으로 보인다. "며칠 전 박 판서 댁에서 혼인 때에 서당 앞에 가가(假家)를 만들려고 초둔(草苞) 10건을 빌려 보내라고 하교하셨다. 그래서 세소(稅所)에 사통을 보냈는데 결국 빌리지 못하였다. 그래서 어떻게 회보(回報)해야 할지 난감해 하고 있는데, 마침 박 판서 댁으로부터 하인이 와서 독촉하였다. 몇 명의 동료가 초둔 설치하는 것을 며칠 전부터 예습했는데, 결국 구하여 얻지 못했으니 개초(蓋草)로 대용하는 것이 좋을 듯싶어서 그렇게 여쭙게 했더니, 나왔던 하인이 돌아가고 얼마 되지 않아서 대감의 분부

그 다음은 근친의 상중(喪中)에도 혼례를 강행한 사례에 대해 언급하겠다.

영의(榮義) 혼례의 납폐 날이다. 인아에게 당정리 이 선달 집으로 거느리고 가게 하였다. 저녁이 되어 돌아왔는데 신부의 외조부 병세가 위중하다고 하였다.[108]

당정리 이 선달 내간(內間)이 친상(親喪)을 당하여 혼례를 다음 달로 물려 정하자고 하였다. 이 일로 시일을 끌 수 없으므로 이달 19일 반드시 예식을 행할 것이다. 만일 불편한 일이 있으면 신부를 분원으로 데리고 와서 예식을 행하겠다고 안 상인 내간에게 편지하여, 이 선달 집에 전하여 알려 주게 하였다. 그리고 결정하여 회시(回示)하라고 영지(榮智)를 전인하여 보냈다. 그릇을 가마에서 꺼냈다. 영지가 해가 저물어서 돌아왔는데 "저쪽 집에서 12월에 예식을 행하자고 말했다."고 하였다. 밤이 깊은 뒤 대풍이 불었다.[109]

당정리 이씨 집에 편지하여 반드시 19일에 혼례를 행하자고 영지를 다시 보냈다. 그런데 풍랑으로 인해 나룻배가 끊겨 건너갈 수 없어서 해가 저물어서 헛걸음하고 돌아왔다. 매우 한탄스럽다.[110]

화경이 돌아왔다. "내일 새벽에 교자(轎子)를 보내어 신부를 데리고

로 금 선생(琴先生)을 불러다가 크게 꾸짖고 심지어 체포하려고까지 하였다. 그래서 황송함을 견디지 못하여 사방으로 널리 구하여 초둔 8건을 구하여 보냈다."(〈1891년 5월 9일〉)

[108] 〈1900년 10월 6일〉.
[109] 〈1900년 10월 15일〉.
[110] 〈1900년 10월 16일〉.

와서 예식을 행하기로 약속하고 돌아왔다."고 하였다. 오후에 화경에게 교군꾼을 거느리게 하여 전인하여 당정리로 보냈다.[111]

　신부 일행이 저녁이 되어 도착했다. 즉시 혼례를 행하고 사당에 고하였다.[112]

　원래 근친의 상중에는 혼례를 하지 않는 것이 전례이다. 지규식의 둘째아들 재혼 시 신부 집에서 신부의 외조부 상(喪)을 당해 혼사 연기를 요청했음에도 불구하고, 지규식은 예법을 무시하고 시일을 끌 수 없다는 이유로 혼례를 강행했다.[113] 그것도 신랑 집에서 혼례를 치렀다. 『하재일기』를 보면, 이 기록을 빼고는 모두 신부 집에서 혼례를 행하였다.[114] 이로써 짐작컨대 중인들이나 평민들의 경우, 신부 집에서 혼례를 치렀지만, 부득이 한 경우에는 신랑 집에서 혼례를 치루기도 했던 것으로 보인다. 지규식 자녀들의 혼례는 전통적 절차를

111　〈1900년 10월 18일〉.
112　〈1900년 10월 19일〉.
113　상중(喪中)에 결혼식을 거행하는 사례는 지규식의 조카딸 혼사에서도 나타난다. 조카딸의 대례 전날 그 동생이 죽었는데, 설왕설래하다가 "질녀의 혼기가 다음 날이라, 집안에서 불상사로 혼인을 물러야 한다면 장차 용인에 특별히 기별을 하고자 했다. 혹은 신랑 집은 한창 경사로 기뻐하고 있을 것이니 안 좋은 일을 알릴 필요가 없으므로 덮어 두고 발설하지 않는 것이 좋을 듯하다고 했다. 나도 고집하기 어려웠으므로 물의(物議)를 따랐다."(〈1897년 9월 25일〉)고 하였는바, 혼사를 그대로 진행하였음을 알 수 있다.
114　"오늘은 곧 재구가 전안(奠雁)하는 날이다. 비가 계속 멈추지 않아서 할 수 없이 비를 무릅쓰고 길을 떠났는데, 엄현(奄峴)에 이르니 비가 조금 멈추었다. 남성으로 들어가서 곧바로 친구 박정인 집에 이르러 안부 인사를 나눈 뒤에 장복(章服)을 갖추어 신부 집으로 가서 전안하였다. 이때에 비낀 틈으로 햇빛이 비추니 매우 상쾌하였다. 밤에 정인과 이야기하고 파루(罷漏)가 되어 잠자리에 들었다."(〈1894년 2월 18일〉)

비교적 충실하게 밟고 있었지만, 양가의 형편과 사정에 따라 유동적
으로 적용한 것으로 보인다. 위의 예문에서 보듯, 전통적 예법을 무
시한 채, 상중에 혼례를 치르거나 신부를 데려와 신랑 집에서 혼례
를 거행한 것은, 근대화 과정에서 외래 종교 및 외래문화의 유입과
이식, 일제의 식민통치, 특히 유교적 사회질서 쇠퇴 등도 연관성이
있는 것으로 보인다.[115]

끝으로 개가 및 이혼 등에 대해 알아보기로 하자.

> 주인집에 아가씨 하나가 와서 몸을 의탁해 살면서 주인 아가씨와 같
> 이 바느질을 하는데, 어떤 사람인지 알 수 없었다. 그런데 그 어미가 와
> 서 자세히 이야기하는데, 벽을 사이에 두고 자세히 들으니 "본 남편은
> 패악하고 부랑한 자로, 무단히 쫓아낸 지 이미 몇 해가 되었으니, 이제
> 개가를 시키려 하나 마땅한 곳이 없다."라고 하였다. 홍천 종인(宗人)
> 하징(河澄)이 마침 이 말을 듣더니, 지금 여자 하나를 구하는 중이라고
> 하면서, 나에게 말을 통하여 중매를 서 달라고 청하였다. 그래서 주인
> 노파를 불러 의논하니, 즉시 그 아가씨에게 말하고, 아가씨도 좋아하
> 면서 따랐다. 우연한 일이 아니었다. 그 아가씨의 성은 이씨이고 나이
> 는 지금 23세였다.[116]

> 이씨 아가씨가 종인(宗人) 하징(河澄)을 따라가기를 원했는데, 내가
> 곰곰이 생각해 보니 하징은 일찍이 측실(側室)이 있었다. 만약 이씨 아
> 가씨를 속이면 뒷날 반드시 원통함을 호소할 꼬투리가 있으므로 알리

---

115 박은숙, 앞의 논문, 48쪽 참조.
116 〈1891년 5월 23일〉.

게 하였다. 그랬더니 이씨 아가씨 모녀가 머리를 흔들며 기꺼이 따라 가려고 하지 않아서 의논을 없던 것으로 하였다.[117]

이일명(李一明)이라는 사람이 새 각령(閣令)에서 병으로 세상을 떠 났는데, 그 아내가 자식들을 데리고 광주(廣州) 늑현(勒峴)으로 개가한 다고 했다. 그러므로 엄장(掩葬)한다고 통기하였다. 김창교(金昌敎)가 친분이 있어 간검하였으므로 불러서 타일렀더니, 그날 밤에 다른 곳으 로 옮겨가 즉시 내다 묻었다.[118]

정선여학생(貞仙女學校) 최해만(崔海萬)이 일찍이 5리 홍완식(洪完 植)에게 출가하였다. 요즈음 의견이 맞지 않는 일이 있어서 서로 만나 지 않더니 출장소에서 재판하는 지경에까지 이르렀다. 최가 상종하지 않겠다고 맹세하니 홍도 어찌할 수 없어서 그의 사주단자를 도로 찾아 가 영원히 이혼하였다.[119]

첫 번째와 두 번째 인용문은 지규식이 먼 일가뻘 사람에게 별거 중 인 여자를 중매시키려다가 측실이 있는 사람을 잘못 중매해 후일이 염려스러워, 여자 측에게 측실이 있음을 알리자 혼담이 흐지부지 됐 다는 사례이다. 그리고 세 번째 인용문은 남편이 죽자 개가하기 위해 몰래 장례를 치른 내용이다. 이로써 짐작컨대 이 당시에는 사대부가 와는 달리[120] 중인이나 평민출신들은 개가가 가능했던 것으로 보인

---

117 〈1891년 5월 26일〉.
118 〈1898년 11월 30일〉.
119 〈1911년 2월 7일〉.
120 실례로 명망 있는 사대부가의 외동딸이었던 필자의 증조모(연안 이씨, 1884년생)
   는 1904년(21세)에 홀로 되시어(필자의 조부가 유복자임) 1978년(95세) 별세하실

다. 한편, 네 번째 인용문은 재판을 통한 이혼 시, 남편이 아내가 간
직하고 있던 자신의 사주단자를 찾아가는 것으로 영원히 이혼하게
되었다는 사실이 흥미롭다. 종전과는 달리 이 당시에는 이혼도 가능
했던 것 같다. 개가 및 이혼이 가능하다는 것은 종전보다 다소 변화
된 풍속이라 할 수 있다.

(5) 상례

『하재일기』에는 상례 관련 기록이 가장 많을 뿐만 아니라 변화의
모습을 엿볼 수 있는 내용들이 있다. 이들을 중심으로 언급하겠다.
먼저 임종에서 발인하여 하관하기까지의 기간에 대해 살펴보
겠다.

(①-8일)
서울 두 신우가 천덕윤(千德允)과 서로 더불어 교회당에 모여서 놀
았다.…(중략)… 함영섭(咸英燮)이 모친상을 당하여 저녁을 먹은 뒤 가
서 조문하였다.(〈1905년 10월 13일〉)
함영섭이 저녁을 먹은 뒤 모친상을 발인하였다.(,1905년 10월 20일〉)

(②-7일)
김익준의 자당이 술시(戌時)에 별세하였다.(〈1892년 1월 16일〉)

때까지 수절하셨다.

김익준 집에 가서 종일 호상(護喪)하였다.(《1892년 1월 17일》)

익준 집에 20냥을 부조하였다. 익준이 갈현(葛峴)에 가서 안(安) 생원과 산소 자리를 둘러보고 한 곳을 잡아 놓고 돌아왔다.(《1892년 1월 19일》)

익준 집에 가서 일을 보았다. 귀천 김 좌랑 댁에서 하인 2명을 보내어 상차(喪次)를 따라 내려왔다.(《1892년 1월 21일》)

익준 집에서 발인(發靷)하여 휴암(鵂岩) 뒤편에 이르러 광중(壙中)을 만들었다. 해좌사향(亥坐巳向)이다. 미시(未時)에 하관(下棺)하고 봉분을 만드는데 비와 눈이 번갈아 내려서 주인과 빈객이 모두 흠뻑 젖은 채로 돌아왔다.(《1892년 1월 22일》)

(③-7일)

해시(亥時) 무렵 이원유(李元裕)가 친상(親喪)을 당했다.(《1898년 5월 4일》)

이원유 집 양례(襄禮) 때 10냥을 부조했다.…(중략)… 원유 집에서 발인(發靷)을 호송하므로 내가 먼저 화랑방(花郞坊) 산역소(山役所)에 가서 예전 구덩이를 보니 물이 꽉 차 쓸 수 없었다. 같은 언덕보다 조금 위 구덩이를 파 보니 토색(土色)이 적합하였다. 해가 저물어서야 상여(喪輿)가 도착하여 제청(祭廳)에 널을 멈추었다. 군정(軍丁)은 돌아가게 놓아두고 여러 사람들과 밤을 새웠다.(《1898년 5월 9일》)

인시(寅時)에 하관(下棺)하였다. 산역(山役)을 할 때 비가 그쳤다. 봉분에 띠를 심고 제사를 지내고 반우(返虞)했다. 중도에서 비를 만나 돌아와 초우제(初虞祭)를 지내고 모든 손님이 각각 흩어져 집으로 돌아

갔다.(《1898년 5월 10일》)

(④-7일)

김창한(金昌漢) 대부인이 별세하였다. 팥죽 1동이를 끓여서 보내고 저녁에 가서 위문하였다.(《1905년 7월 7일》)

김창한 집 장삿날이다. 발인하여 광주 동문 밖 미라동(尾羅洞)으로 갔다.(《1905년 7월 13일》)

(⑤-6일)

김익준 부친이 우천에 있는 사위 이대이(李大伊) 집에서 병으로 서거하였다.(《1905년 8월 7일》)

우천 익준이 성복(成服)하고 저녁을 먹은 뒤 성복제(成服祭)를 지냈다. 성창(聖昌)이 아내[內眷]와 함께 왔다.(《1905년 8월 10일》)

우천에 나가 상여와 함께 산소에 가서 중폄(中窆)하고, 오후에 반우(返虞)하였다.(《1905년 8월 12일》)

(⑥-5일)

하오 6시에 어머님이 갑자기 호흡이 급해지더니 술시(戌時) 정각에 별세하셨다. 그 망극함을 말로 표현할 수 없다. 초종범절(初終凡節)을 예법에 따라 거행하였다.(《1910년 4월 23일》)

오정이 되어 비가 그쳤다. 염습(殮襲) 제구(諸具)와 치관(治棺)을 마침을 고하였다. 하오 3시에 대·소렴(大小殮)을 마치고 입관하고 각처에 부고하였다.(《1910년 4월 24일》)

영의를 전인하여 광주 법화동 친산으로 보내어 고유하고 광중(壙中) 파는 예를 미리 거행하게 하였다.(《1910년 4월 25일》)

상오 8시에 비가 개었다. 즉시 군정(軍丁)을 불러 발인을 동독(董督) 하여 우천으로 나가니 배가 이미 준비하고 기다렸다. 회집한 군중 수 백 명이 일제히 배를 타고 출발하여 창우(倉隅)에 이르러 하륙하였다. 점심을 먹고 즉시 출발하여 산 밑에 이르니, 해는 이미 유시(酉時) 초가 되었다. 광중(壙中) 파는 일을 살펴본 뒤 즉시 하관(下棺)하고 평토(平 土)한 뒤 제주제(題主祭)를 지냈다. 영의에게 산역(山役)을 부탁하고 나 는 즉시 반우(返虞)하여 집에 돌아오니 이미 축정(丑正)이 지났다. 초우 제(初虞祭)를 준비하여 제사를 지내니 날이 이미 밝았다.(《1910년 4월 27일》)

재우제(再虞祭)를 지냈다.(《1910년 4월 28일》)

삼우제(三虞祭)을 지냈다. 연식이 산소에 갔다.(《1910년 4월 29일》)

(⑦-소상 1년)
자정에 어머니[先妣] 소상을 지냈다. 고랑리 진사선(陳士先)과 쌍령 (雙嶺) 정치(鄭致)가 함께 제사에 참석하였다.(《1911년 4월 22일》)

(⑧-5일)
이덕보(李德甫)가 죽었다. 매우 놀랍고 한탄스럽다.(《1907년 2월 26일》)

이덕보를 하당현(下堂峴)에 장사 지냈다.(《1907년 2월 30일》)

(⑨-발인 날 비 때문에 4일)

사시(巳時)쯤에 둘째 며느리가 불행하게도 세상을 떠났다. 그런데 집사람이 내가 마음 아파할까 염려하여 숨기고서 알리지 않았다. 저녁이 된 뒤 신을 보내고 축문과 폐를 태우는 등 여러 가지 일을 다 마치고 집으로 돌아오니 며느리가 이미 염습을 갖추었으니 비참함을 견딜 수가 없었다. 어떻게 하면 좋단 말인가? 밤새 잠을 자지 못했다.(《1900년 3월 18일》)

목수를 불러 관을 다듬어 해가 저물어서야 일을 마쳤다. 저녁이 된 뒤 입관하였다.(《1900년 3월 19일》)

장례를 치르려고 하다가 비 때문에 하지 못했다.(《1900년 3월 20일》)

며느리를 서산(西山) 백숙부 묘 아래에 장례를 치렀다. 관을 다듬은 수공 값 25냥을 지급하였다.(《1900년 3월 21일》)

(⑩-당일)

묘시(卯時)에 영의(榮義) 처가 죽었다. 가문의 운수가 어찌 이 지경에 이르렀는가? 매우 한탄스럽다. 오래 머물러 둘 수 없어 즉시 염(殮)하고 입관(入棺)하여 오후 2시[未正]에 서산(西山) 영의 초취 처 안씨 무덤 아래에 장사 지냈다.(《1902년 4월 7일》)

(⑪-3일)

숙모님이 해시(亥時)쯤에 세상을 떠났다. 초혼(招魂)하고 거애(擧哀)한 뒤 닭이 울었다.(《1898년 1월 20일》)

관(棺)을 다듬어 염습을 모두 마쳤다.(《1898년 1월 21》)

서산당(西山堂) 숙부 묘 오른쪽에 터를 닦기 시작했다. 밥을 먹은 뒤 발인(發靷)하여 양례(襄禮)가 순조롭게 지나갔다. 해가 저물고 나서야 돌아왔다.(《1898년 1월 22일》)

(⑫-3일)

계수씨가 숙환으로 오늘 해시(亥時)경에 별세하였다.(《1909년 2월 24일》)

계수씨를 염습(斂襲)을 갖추어 오후에 입관하였다. 이경목(李京穆) 이 백지와 양초를 부의로 보내왔다. 보통학교에서 당오전(當五錢) 200 냥을 꾸어 보냈으므로 우선 받아서 썼다. 산지(山地)를 뒷산 아래 보리 밭으로 정하였다.(《1909년 2월 25일》)

뒷산 아래 임좌병향(壬坐丙向)에 계수씨를 장사 지냈다.(《1909년 2월 26일》)

(⑬-3일)

자시(子時)쯤 되어 안에서 울부짖는 소리가 들려서 급히 들어가 보 니, 예아(禮兒)가 막 운명하였다. 하늘은 어찌하여 그를 내고 또 어찌하 여 요절하게 하는가? 금년 나이 24세요, 아직 혈속이 없으니 매우 애석 하고 슬프며 대단히 한탄스럽다.(《1902년 4월 18일》)

목수를 불러 관을 짜고 염습하여, 오후에 입관하고 성복(成服)하였 다.(《1902년 4월 19일》)

이른 아침에 발인하여 서산(西山)에 장사 지냈다.(《1902년 4월 20일》)

(⑭-대상 2년)

오늘은 바로 셋째 아들 영례(榮禮)의 대상이다. 슬픈 회포가 처음 당했을 때와 같다. 밤이 깊은 뒤에 취침하였다.(〈1904년 4월 17일〉)

(⑮-2일)

홍순팔이 죽었다. 그 노모의 정상과 과부·고아의 참상은 차마 말로 형용할 수 없다. 백지 2속을 부의로 보냈다.(〈1896년 6월 20일〉)

홍순팔 집에 술 1동이를 얻어 보냈다. 홍순팔을 서산(西山) 기슭에 장사 지냈다..(〈1896년 6월 21일〉)

(⑯-밤에 사망해 2일)

밤에 서손녀(庶孫女)의 참변을 만났으니 매우 탄식스럽다.(〈1900년 5월 22일〉)

이른 아침에 가례(家隸)로 하여금 손녀를 내다 묻도록 했다.(〈1900년 5월 23일〉)

(⑰-당일)

최성재(崔聖才)가 동곡령(東谷令)에서 병으로 죽었다. 공소에서 품꾼을 얻어 100냥을 주어 염(殮)하여 장사 지냈다.(〈1893년 3월 18일〉)

(⑱-당일)

조카 택구의 병세가 갑자기 심해지더니 사시(巳時)쯤에 운명하였다. 참혹하고 놀라움을 금할 수 없다. 즉시 내다가 서산 아래에 묻고 오후

에 돌아왔다.(《1896년 4월 17일》)

(⑲-당일)

날이 채 밝기도 전에 문을 두드리며 집의 하인이 불렀다. 그래서 놀라 일어나 집에 도착하니 온 식구들이 일제히 모여 있었다. 안방에 들어가 병든 아이를 보니, 숨이 가물가물하여 나를 보고도 말을 하지 못하더니, 날이 밝자 숨이 끊어졌다. 비참하고 가련한 심정을 어찌 견딜수 있겠는가? 나이 한창 9세에 천성이 총명하고 민첩하며, 효성스럽고 순종하며, 배우기를 좋아하고 재주가 많아 온 동네 사람들이 칭찬하였다. 하늘이 어떻게 태어나게 했는지 수명이 어찌 이렇게도 짧단 말인가? 매우 애석하고 불쌍하다. 오래 머물러 둘 필요가 없어서 즉시 관을 갖추고 염을 한다음 서산에 장례를 치렀다. 밤새 슬픈 생각에 젖어 잠을 붙일 수 없었다.(《1900년 8월 9일》)

위의 인용문을 보면, 임종에서 발인하여 하관까지의 기간이 8일, 7일, 6일, 5일, 4일, 3일, 2일, 당일 등 다양하다. 인용문 ①은 8일장인데, 저녁 먹은 뒤 발인을 하는 것이 특이하다. ②와 ⑤는 지인 김익준의 부모상으로, 모친상에는 7일장을, 부친상에는 6일장을 하였는데 독특하다. 그리고 ⑥은 지규식의 모친상으로 5일장을 하였는데, 대·소렴과 입관을 별세 다음날 한꺼번에 행한 것도 눈길을 끈다. ⑨는 둘째 며느리 상으로 비 때문에 발인을 하루 연기해 4일장을 하였다. 그런데 ⑩은 재취의 둘째 며느리 상으로 당일 장사를 지냈다. 위의 인용문에서 보듯, 부고와 습, 소렴, 대렴, 성복, 발인 등 상·장례 절차를 형편과 사정에 따라 유동적으로 적용한 것으로 보인다. 그리고 보통은 3일장(지규식의 숙모, 제수, 아들의 상 등)을 치렀다. 이밖에 2일 장과 당일 장사를 지내기도 하였는데, 혼인을 안 했을 경우(지규식의 조카, 아들, 손녀 등) 대개 당일 장사를 지냈다.

이상에서 보듯, 임종에서 발인하여 하관까지의 기간이 종전보다 다소 변화된 것을 확인할 수 있었다. 『사례편람』에 보면, "선비도 지금은 보통 임종서 발인까지 3개월인데"[121] 여기서는 7일인바 이를 안 지키는 양반가도 있었던 것으로 보인다. 그런데 평민들은 5일장이나 3일장(주로), 또는 당일에 장례를 치렀던 것으로 보인다. 그리고 오늘날 일반적으로 행하는 3일장과 초우·재우·삼우제의 흔적을 『하재일기』에서 찾을 수 있는바, 위의 자료들은 그 가치가 매우 높이 평가된다.

그런데 여기서 지규식이 장모 상을 당한 기록을 살펴볼 필요가 있다.

> 남성 빙모님이 오늘 인시(寅時)에 세상을 떠났다는 부음이 왔다. 제주(祭酒)와 제잔(祭盞) 각 1개를 가져와 하인 편에 부쳤다.[122]
>
> 아이 영례(榮禮)와 영의(榮義)를 모두 남성 처가로 보내고 돈 100냥을 부쳤다. 집사람에게 편지를 부쳤다.[123]
>
> 산성(山城) 빙모님 소상(小祥)이다. 어제 집사람이 특별히 갔는데, 나는 진참(進參)하지 못하고 돈만 20냥을 부조해 주었다.[124]

---

121 우봉이씨대종회 역, 『국역사례편람』, 명문당, 2003, 123쪽.
122 〈1897년 5월 28일〉.
123 〈1897년 5월 29일〉.
124 〈1898년 5월 26일〉.

나는 연제(演弟)와 함께 정치삼(鄭治三)을 거느리고 광주 북문 밖 법화동(法華洞) 친산(親山)에 가서 차례를 행하였다. 오후에 성(城)에 들어가 박 지사(朴知事)를 방문하여 문안을 하고 바로 처가에 이르러 빙모님 영연(靈筵)에서 곡을 하였다.[125]

남성(南城) 빙모님 대상(大祥)이다. 어제 효도를 끝내지 않을 수 없어 병을 붙들고 강행했더니, 둘째 며느리도 귀녕(歸寧)차 수행했다[126].

위의 인용문에서 보듯이, 지규식은 장모의 상을 당했을 때 특별히 긴급하고 중요한 일이 없었음에도 불구하고, 본인이 직접 가지 않고 아들들을 보냈고, 소상 때도 안 갔다. 단지 소상이 지난 추석 때 지규식이 친산에 가서 차례를 지낸 후, 근처에 처가에 있어 가서 장모 영연에 곡한 정도이다. 그리고 대상 때는 참석했다. 지규식의 이러한 행동은 당시 처가와 거리를 두려는 풍속이 있다고는 하지만 이해하기 어려울 뿐만 아니라, 오늘날의 정서로는 더더욱 납득하기 어렵다.

다음은 부의에 대해 살펴보기로 하자.

어제 남성 친구 박정인(朴正寅) 집에서 부고가 왔는데, 이달 17일에 정인 자친이 별세하였다. 백지 5속(束)과 황촉(黃燭) 2쌍의 부의를 온 하인 편에 부쳤다.[127]

난인(蘭人) 조부 부음이 왔다. 몽득(夢得)이 승중(承重)으로 분상(奔

---

125 〈1898년 8월 15일〉.
126 〈1899년 5월 26일〉.
127 〈1894년 4월 21일〉.

喪)하려 하여 돈 50냥을 부조하였다.[128]

이천(利川) 이 선달의 부음이 왔다. 형수씨가 발상(發喪)하니 애통하였다. 상복에 필요한 당목 15자가 함옥순(咸玉順)의 가게에서 왔는데, 매 자에 2냥 2전이다. 부조금으로 50냥을 지급하였다.[129]

미음(渼陰) 김 선달은 연식(演植)이의 빙장(聘丈)이다. 어제 신시(申時)에 별세하여 부고가 왔다. 몹시 놀라고 슬프다. 계수씨가 몹시 애통해 하였다. 즉시 상복 옷감과 백지와 양초를 갖추어 길을 떠났다.[130]

이경필(李京必) 장례에 술 한 동이를 부조하고, 발인할 때에 장송(葬送)하여 교외에 이르렀다.[131]

고랑리(高浪里) 진 선달(陳先達)이 내일 장례를 치르므로 위문하기 위해 연식(演植)을 위임해 보내고 돈 20냥을 부조했다.[132]

이신구(李信求)의 장례에 10냥을 부조하였다.[133]

밥을 먹은 뒤 한상혁을 조위하고 돈 15냥을 부조하고 제기 접시 1죽과 사발·대접 각 5개, 보시기 5개, 제주병 2개, 향로·향합 1벌을 얻어 주었다.[134]

법화동(法華洞) 장상주(張喪主)가 찾아와서 모레가 그의 부친 소상(小祥)이라고 하였다. 그래서 돈 10냥을 정인에게 빌려서 제수를 마련하는 데 보태어 쓰라고 주었다.[135]

---

128 〈1892년 윤6월 15일〉.
129 〈1898년 2월 24일〉.
130 〈1904년 4월 9일〉.
131 〈1893년 8월 22일〉.
132 〈1898년 3월 1일〉.
133 〈1898년 11월 17일〉.
134 〈1896년 3월 10일〉.

귀천 김 판서 댁 소상에 북어 2두름을 부조하였다.[136]

석촌 김 교관 댁 대상이다. 돈 20냥을 부조하고 단자를 수정하여 소매 속에 넣고 직접 가니 본동 여러 친구들이 이미 먼저 도착하였다. 제사를 지낸 뒤 넘어오니 날이 새려고 하였다.[137]

김문백(金文伯)의 대상(大祥)이므로 10냥을 부조했다. 함춘교(咸春敎) 집이 성복(成服)이므로 10냥을 부조하였다. 저녁밥을 먹은 뒤 두 집에 조문하고 돌아왔다.[138]

지규식은 직접 조문 또는 인편으로 부의 금품을 보낼 경우 다양했다. 그런데 태반은 돈으로 부의하였다. 당사자와의 관계에 따라 차이는 있지만, 부의금은 대체로 10냥 정도(당시 쌀 4~5되 값 정도)였다.[139] 애사 때 부조도 경사 때와 마찬가지로 점차로 돈으로 변화하는 모습을 엿볼 수 있을 것 같다.

(6) 제례

『하재일기』에는 제례 관련 기록이 많은데 주로 기제사와 설·한식·추석 때의 차례와 묘제, 그리고 지규식 부친의 생신차례(생일제

---

135 〈1891년 1월 10일〉.
136 〈1902년 1월 5일〉.
137 〈1892년 9월 6일〉.
138 〈1897년 7월 25일〉.
139 이 당시에도 상을 당하면 장례비용이 만만하지 않았다. ["남계 박 판서 댁에서 장례비가 부족하자, 나에게 돈 500냥을 빌려 달라고 요구하였다. 그래서 회사에 의논했더니, 상장(上掌)이 500냥을 빌려 보냈다."(〈1899년 6월 29일〉)]

사) 등이다. 이들을 중심으로 살펴보겠다.

먼저 기제사의 경우, 19세기 이후 대개 4대 봉사를 행했다. 그런데 지규식은 고조부모의 제주(題主)를 고쳤다는 기록[140]이 있어 4대 봉사를 지냈을 가능성도 있지만, 고조부모의 제사를 지냈다는 기록은 일기에 보이지 않는다.[141]

이날 밤은 곧 정인의 조부 기일(忌日)이다. 파루(罷漏) 후에 제사를 지냈다. 제사 음식을 함께 먹고 닭이 운 뒤에 잤다.[142]

생가 조모님 기일이다. 제사를 지내고 닭이 운 뒤에 잠을 잤다.[143]

밤에 벽운루(碧雲樓)에 가서 꽃을 감상하고 돌아왔다. 축정(丑正)에 할아버지 제사를 지냈다.[144]

밤이 깊은 뒤에 조모님 제사를 지내고 남은 음식을 차려서 동료들과 함께 먹었다.[145]

축정(丑正)에 집으로 돌아와 생가 조비 기제사를 지냈다.[146]

이현구가 찾아왔다. 그간 입교(入敎)한 사람의 가족록(家族錄)을 작성하여 보냈다. 천도교 시일(侍日) 예식을 처음 설행하였다. 아직 미비

---

140 "깊은 밤에 증조할아버지 제사를 지냈다. 고조할아버지·할머니와 증조할아버지·할머니의 제주(題主)를 고쳐 불초의 이름으로 봉사한다고 썼다."((1899년 10월 5일))
141 참고로 지규식의 아버지는 입양된 것으로 보인다. [류채형, 「하재일기에 나타난 19세기 말~20세기 초 공인 지규식의 제사 설행」, 『역사교육논집』 제61집(역사교육학회, 2016), 207~256쪽 참조]
142 〈1892년 2월 5일〉.
143 〈1892년 9월 2일〉.
144 〈1899년 3월 20일〉.
145 〈1893년 7월 28일〉.
146 〈1906년 8월 3일〉.

한 건이 많아서 간략히 마련하여 설행하였다. 자정에 선고 기제사를 지냈다.[147]

위의 인용문을 보면, 제사 시간이 일정하지 않다. 일반적으로 대개 자시(12시 지나서)에 지내는데, 지규식은 파루(4시경)에 지내거나 축정(2시경) 등에 지냈다. 그리고 기제사를 지내기 전에 재계(齋戒)를 안 했으며, 심지어 제사 전날 술집에 가서 애인을 만나거나[148] 또는 술을 마신다든지[149] 아니면 밤에 술집에 가서 꽃을 감상하고 집으로 돌아와 제사를 지내기도 하였다. 당시 양반사대부가 하고는 다소 차이를 보이고 있다. 제사 후 지인들이나 동료들과 음식을 나누어 먹는 것은 흔히 있는 일이다. 그런데 지규식은 기독교에 입교하고 나서도 넷째아들의 소상(小祥) 제사[150]와 생가의 할머니 기제사를 지냈다.[151] 그리고 천도교에 입교한 후에도 아버지 기제사를 지냈다.[152]

---

[147] 〈1911년 3월 18일〉.
[148] 〈1892년 3월 17일〉.
[149] 〈1892년 3월 18일〉.
[150] 〈1906년 5월 26일〉.
[151] 〈1906년 8월 3일〉. 지규식은 1905년 9월 말 미국 기독교 전도부인이 분원의 박봉래 집에 왔을 때 다른 몇 사람과 찾아가 기독교에 입교(〈1905년 9월 29일〉)하였다. 이후 주일예배(〈1905년 10월 2일〉) 등에 참석하였을 뿐만 아니라 부활절에도 추모기도(〈1906년 3월 22일〉)를 하였다. 그래서 그는 신사(神祀)를 폐지(〈1905년 12월 20일〉)하려고 한 적도 있었다. 그러다가 1906년 4월에 세례 받기를 권하자, 무슨 이유인지는 모르겠지만 다음에 받겠다는 말로 거절하고 세례를 받지 않았으며, 큰아들도 세례를 받지 않았다.(1906년 4월 17일〉) 이후 1910년까지 기독교인으로서의 활동은 계속되었으나, 1911년 3월부터 천도교에 입교한 것으로 보인다. 그리하여 1911년 4월에는 천도교중앙총본부에서 손병희를 만난다.(〈1911년 4얼 4일〉) 『하재일기』 뒷면에 게재된 〈텬도교력사〉는 지교식이 이 무렵에 쓴 것으로 보인다.
[152] 〈1911년 3월 18일〉.

다음은 설·한식·추석 때의 차례와 묘제에 대하여 알아보자.

아침에 일어나 세수하고 머리 빗고 아이들을 거느리고 가묘(家廟)
를 청소하였다. 차례를 지낸 뒤 원중(院中) 어른들을 찾아뵈었다.[153]

오늘은 바로 한식이다. 동생 연식에게 산구(山龜) 3형제를 데리고
우산동으로 가게하고, 나는 남한산성으로 가서 법화동에 이르니, 어머
니와 처고모 한씨 부인이 먼저 묘지기 집에 도착하셨다. 문후를 마치
고 조금 앉아서 다리를 쉰 뒤 제수(祭需)를 가지고 묘소에 올라가서 차
례를 지내고, 묘지기 집으로 내려 와서 점심을 먹었다.[154]

아이들은 우산(牛山) 산소로 보내고, 나는 연식과 남성(南城)으로 가
서 북문 밖 법화동으로 나가 친산(親山)에 올라가 제사를 지냈다.[155]

우산동 산소 묘지기 염기중(廉基仲)이 그 아들이 무죄인데도 붙잡힌
소치로 분노와 원한을 견디지 못해 앞 시내에 빠져 죽었다. 이 때문에 제
수를 변통하여 준비할 수 없었으므로 가묘(家廟)에서 차례를 지냈다.[156]

지규식은 설에는 배소례(拜掃禮)를 행한 후, 가묘(사당)에서 차례
를 지냈다.『동국세시기』에 보면, "서울 풍속에 설날 아침 일찍 제물
을 사당에 진설하고 제사를 지내는데, 이를 정초차례(正朝茶禮)라 한
다."[157]고 하였는바, 경기도 광주 분원마을에 살던 지규식도 이러한

---

153 〈1895년 1월 1일〉.
154 〈1891년 2월 28일〉.
155 〈1894년 8월 15일〉.
156 〈1899년 8월 15일〉.
157 최대림 역해,『신역 동국세시기』, 홍신문화사, 2006, 20쪽.

예속을 따른 것 같다. 지규식은 한식과 추석 때에는 조상의 묘소를[158] 찾아가 차례를 지냈다. 그런데 추석 때 부득이한 경우(묘지기의 죽음)에는 가묘에서 차례를 지냈다. 여기서 특이한 것은 지역이나 가문마다 차이가 있지만, 일반적으로 추석 차례는 사당에서 지내고 성묘를 가는 것이 보통이다. 헌데 지규식은 특별한 경우를 제외하고는 한식과 추석 때 직접 또는 동생이나 아들들을 보내 묘소에 가서 차례(묘제)를 지내게 했다. 그렇다고 지규식이 10월에 묘제(시사)를 지냈다는 기록은 찾아볼 수 없다. 예로부터 묘제는 설·한식·단오·추석 명절에 지내왔으나, 『주자가례』의 보급으로 가묘가 설립된 후부터 논란이 있었다. 이재는 『사례편람』에 네 번의 묘제를 폐지하고 3월에 묘제를 한 번으로 대신할 것을 주장했고, 이이는 〈제의초〉에서 한식과 추석에는 묘제, 정초와 단오는 간단하게 지낼 것을 제시하였다. 그리고 이언적은 『봉선잡의』에서 명절날 아침에 가묘에서 천식후, 묘소에 가서 배례하는 절충안을 제시하였고, 만약 묘소가 멀다면 제사 이삼일 전에 묘소에 배례하는 것도 허용하였다. 『열양세시기』에 보면, "추석을 일명 嘉俳라 한다.…(중략)…사대부 이상의 집에서는 설날·한식·추석·동지의 네 명절에는 산소에 가서 제사를 지낸다. 설날과 동지에는 제사를 안 지내는 수도 있으나 한식과 추석에는 성대하게 지낸다. 한식 때 보다는 추석에 더 풍성하게 지낸다."[159]고 하

---

158 지규식의 조상 묘는 법화동, 우산동, 미라동 남한산성 남문 밖 등에 있었는데, 이곳에는 선산과 묘지기가 있었다. 이 가운데 부모님의 묘가 있는 법화동에 가서 한식·추석 차례를 대부분 지냈다.
159 최대림 역해, 앞의 책, 174~175쪽.

였다. 아무튼 지규식이 추석 때 묘소에 가서 차례(묘제)를 지낸 것은 눈길을 끈다. 이는 서울·경기지역의 풍속을 따른 것으로 보인다.

끝으로 생신차례(생일제사)에 대해 살펴보자.

> 오늘은 곧 선고(先考) 생신이다. 이른 아침에 술과 과일을 진설하고 차례를 지냈다.[160]
> 선고(先考)의 생신에 차례를 지내고, 이른 아침에 제사를 지냈다. 운루와 밤에 이야기를 나누었다.[161]

생신차례는 생휘일제(生諱日祭)라고도 하는데, 돌아가신 부모의 생일에 지내는 제사이다. 조선시대 사대부가에서는 보편적으로 행해져 왔다. 지규식은 돌아가신 아버지를 대상으로 지내는 생일제사를 '생신차례(生辰茶禮)'라고 하여 거의 매년 지냈다. 생신제사(차례)는 대부분 이른 아침에 지내는데, '선고생신차례조조행사(先考生辰茶禮早朝行祀)'(〈1899년 8월 27일〉)라는 기록을 보면, 이 해에는 차례와 제사를 별개로 지냈음을 알 수 있는데 특이하다고 하겠다. 그런데 생신차례(제사)를 지낸 후, 밤에 애인과 정담을 나눈 것도 흥미롭다.

신분제도가 철폐되고 일제가 강점할 무렵의 경기도 광주지역 중인출신 집안의 기제사, 차례와 묘제, 생신차례를 지내는 모습은 양반가의 제례 관행보다는 약간 다르고 덜 엄격하지만, 양반이 아닌 집안의 제례라는 점에서 그 의의가 크다고 하겠다.

---

160 〈1894년 8월 27일〉.
161 〈1899년 8월 27일〉.

(7) 수연례

『하재일기』에는 수연례 관련 자료가 적은 편이다. 이에 대해 살펴보기로 하자.

申時경에 비가 그치고 석양에 붉은빛이 나왔다. 내일이 남한산성 박지사 회갑이라고 하므로 생선을 사 오려고 許昌孫을 石湖 홍생원에게 보냈다. 그런데 조금 있다 돌아와서 이르기를 "비가 많이 와서 1마리도 잡지 못하여 구하여 보낼 수 없다고 하였다."라고 하니 낭패이다. 어찌하면 좋은가? 어찌하면 좋은가?[162]

鄭恩漢의 慈堂 환갑잔치에 10냥을 부조하였다.[163]

鄭元會 소실 회갑이다. 몸소 와서 초청하였는데, 학도와 자신회 아이들을 모두 인솔하고 오라고 하였다. 그러므로 오후에 인솔하고 가서 잔치에 참석하고 저녁때 돌아왔다.[164]

집사람 회갑이다. 아침을 장만하여 이웃을 초청하여 함께 먹었다. 서울에 사는 崔永昌이 금 1원을 가지고 와서 부조하였다.[165]

오늘은 곧 내 회갑이다. 술과 음식을 장만하여 이웃을 초청하여 함께 먹었다. 남한산성 韓始奎가 비를 무릅쓰고 왔다.[166]

洪玉圃의 62세 생신이다. 나와 같은 회사 사람들을 초청하여 함께

---

162 〈1891년 4월 17일〉.
163 〈1898년 11월 17일〉.
164 〈1906년 8월 17일〉.
165 〈1911년 2월 16일〉.
166 〈1911년 6월 17일〉.

술과 국수를 먹었다.[167]

위의 첫 번째 인용문~다섯 번째 인용문은 회갑 관련 내용인데, 세 번째 인용문은 지인 소실 회갑에 학생들까지 오라고 한 기사가 흥미롭다. 그리고 네 번째와 다섯 번째 인용문은 부인과 지규식 회갑 관련 내용이며, 여섯 번째 인용문은 진갑 관련 내용이다. 수연례는 회갑과 진갑 관련 기록 밖에 없고 특이한 사항은 없다. 다만, 부조의 경우 물품도 다양하고 많지만, 이 시기에는 돈으로 내는 사례가 더 많았다. 이는 혼·상례에서도 마찬가지로 부조의 양태가 변화되어 가는 모습을 엿볼 수 있다.

---

[167] 〈1899년 11월 21일〉.

04
민간신앙

『하재일기』에는 민간신앙 관련 기록이 비교적 많은 편으로, 대부분 산신당·부군당·무당과 굿·푸닥거리·점·풍수사상 등을 내용으로 한 기록들이다. 먼저 貢房神과 山神堂·付根堂, 高請神祀 등에 대해 살펴보기로 하자.

산해진미를 성대히 마련하여 공방 대청에 진설하고 入齋한 諸員이 황혼을 이용하여 두 산신당에 올라가 제사를 지낸 뒤에 공소로 내려와서 여러 府君堂에 제사를 지냈다. 倡夫와 무녀가 일제히 북을 치고 피리를 불며 앞으로 나가서 밤새도록 굿을 하였다. 나는 야심하여 집으로 돌아와 조부님 제사를 지냈다.[168]
공방에서 소를 잡고 祭需를 성대하게 장만하여, 저녁을 먹은 뒤에

---

[168] 〈1893년 3월 20일〉.

제사를 지내고 무녀들을 불러다 굿을 하였다. 별도로 3냥을 준비하여 혹은 사람마다 나누어 쓰기도 했는데 또 3냥을 스스로 썼다. 닭이 운 뒤에 나와서 피곤하여 잠이 깊이 들었다.[169]

동네 高請神祀의 예식을 미리 익히는 날이다. 각처에서 구경꾼이 구름처럼 모여들었다. 뒷산 언덕 연로 좌우에는 음식 장사가 즐비하게 늘어서 있고 청춘 남녀들이 시끄럽게 떠들어 대니 과연 장관이라고 이를 만하다. 나는 동료와 함께 뒷산 언덕에 올라가 자리를 깔고 술과 음식을 마련하여 실컷 먹고 취하며 구경하고 석양에 내려왔다. 저녁을 먹고 춘헌에 가서 정담을 나누는데 공소에서 나에게 들어오라고 청하였다. 기생과 악사가 모두 왔는데 노래와 춤추는 것을 구경하고 밤이 깊어서 자리를 파하였다.[170]

고청신사 習禮 날이다. 육장군 신위를 모시고 깃발을 가지고 산 뒤쪽으로 가서 전례에 따라 거행하고, 모시고 都家로 돌아와 습례를 행하였다. 初更 뒤에 두 산당(山堂)에 제사를 지냈다.[171]

오늘은 未正 입춘이다. 그래서 春帖字를 썼다. 식구들의 감기가 낫지 않아 매우 걱정스럽다. 陰竹人이 방문하여, "본읍이 高請神祀를 지낼 때 축문을 잃어버려 분원의 신사 축문을 빌리고자 특별히 왔습니다." 라고 말하였다. 그래서 축문 절차를 보여 주니, 그 사람이 베껴 갔다. 신사의 例를 묻기에 대답하기를 "옛날 關公·張飛·黃忠 4장군과 우리나라 崔瑩·申砬·林慶業·洪季 4장군 총 8장군을 봉사하는데, 제사를 지내

---

[169] 〈1891년 4월 21일〉.
[170] 〈1894년 3월 16일〉.
[171] 〈1896년 4월 1일〉.

는 절차는 분원과 차이가 없습니다."라고 하였다.[172]

교회당에서 주일예배를 거행하였다. 대동이 임원을 개선하는 일로 전례에 따라 회의를 열었다. 내년은 神祀를 거행하는 해이다. 교를 믿는 우리 신도 몇 사람은 장차 폐기하려 하고, 그 외 다른 사람들은 모두 예전대로 신사를 거행하려 하였다. 그러므로 의논이 일치되지 않아서 온종일 결정하지 못하였다. 임원을 개선하지 못하고 회의를 끝마쳤다.[173]

본 회사에서 두 산신당에 고사를 지내고 치성을 드렸다. 그리고 동중에서 오래전부터 전해 내려 오는 賽神하는 전례를 영구히 폐할 수 없어서, 회사 옛터에 장막을 치고 무녀와 簫鼓를 청하여 굿을 하였다.[174]

위의 인용문들을 보면, 첫 번째 인용문은 분원의 貢房神과 두 산신당, 그리고 여러 부군당에 제사를 지낸 후, 무당을 불러 밤새도록 굿을 했다는 기록으로 주목할 만하다. 두 번째 인용문은 공방신에게 제사를 지내고 무녀들을 불러 굿을 했다는 내용이다. 세 번째 인용문은 동네 高請神祀의 예식을 미리 익히는 날로 각처에서 수많은 구경꾼들이 몰려들고, 뒷산 언덕 좌우에는 음식장사들이 즐비하게 늘어서 있고, 청춘남녀들이 시끄럽게 떠들어 대니 장관이라고 하면서 그 광경을 사실적으로 기술하고 있는바 흥미롭다. 네 번째 인용문은 고청신사 習禮 날에 六 將軍 신위를 모시고 산 뒤쪽으로 가서 전례에 따라 거행하고, 모시고 都家로 돌아와 습례를 행하였으며, 初更 뒤에 두

---

172 〈1900년 1월 5일〉.
173 〈1905년 12월 20일〉.
174 〈1907년 4월 3일〉.

山堂에 제사를 지냈다는 내용으로 참고할 만하다. 다섯 번째 인용문은 음죽 사람이 고청신사를 지낼 때의 축문을 잃어버려 분원의 축문을 빌리러 와 축문을 베껴 가면서, 신사의 例를 묻기에, 지규식이 옛날 關公·張飛·黃忠 4장군과 우리나라 崔瑩·申砬·林慶業·洪季 4장군 총 8장군을 봉사하는데, 제사를 지내는 절차는 분원과 차이가 없다고 답한 내용으로 눈길을 끈다. 첫 번째 인용문~다섯 번째 인용문들을 살펴보면, 분원에서는 정기적으로 동리의 신사를 지냈고, 분원 공소, 도중에서도 신사를 지냈음을 알 수 있다. 그리고 동리에서는 매년 고청신사를 지냈는데, 제사비용은 마을 사람들의 경제적 사정에 따라 차등적으로 배분해 추렴하고, 마을 사람들 모두 힘을 합쳐 제수를 준비하고 제사를 지냈다. 제사는 산신당과 부군당에도, 그리고 무당을 불러 굿을 하는 것이 通例였다. 제사를 지낸 후에는 마을 사람들이 제수들을 균등하게 나누어 함께 먹었다. 여기서 산신당과 부군당 관련 기록이 눈길을 끈다. 여섯 번째 인용문은 신사 거행을 기독교인이 된 지규식을 포함한 몇 사람은 장차 폐기 하려 하고, 그 외 다른 사람들은 모두 예전대로 신사를 거행하려 해 의견 일치가 되지 않아서 결정하지 못했다는 내용이다. 일곱 번째는 회사에서 두 산신당에 고사를 지내고 치성을 드리고, 동중에서 오래전부터 전해 내려오는 賽神하는 전례를 폐할 수 없어서, 회사 옛터에 장막을 치고 무녀를 청하여 굿을 했다는 기록이다. 지규식은 기독교인이었음에도 이를 어쩔 수 없이 따르고 있음을 엿볼 수 있다.[175] 다음은 皇天后

---

175 여기서 한 가지 언급할 사항은 지규식의 종교 수용 문제이다. 지규식은 1905년 9월 말 미국 기독교 전도부인이 분원의 박봉래 집에 왔을 때 다른 몇 사람과 찾아가 기

土 제사에 대해 살펴보자.

里中이 不淨하여 우리 집 문 앞에 壇을 닦고 장막을 설치하고, 3경이 되어 희생과 술을 갖추어 하늘에 제사 지냈다. 축원하기를 다음과 같이 하였다.

'維歲次 을미년 7월 己亥朔 26일 갑자에 조선국 경기좌도 양근군 남종면 분원 제3리에 거주하는 池圭植은 거주민 30여 호를 거느리고 삼가 목욕재계하고 두 번 절하고 감히 皇天·后土에 告 합니다. 아아! 슬프도다. 삼가 생각하옵건대, 만물은 하늘이 내고 땅이 실어 기르니 망극한 은혜와 막대한 은택을 흠뻑 받아서 보답할 길이 없습니다. 지금 이 생민은 불행한 때를 만나 극심한 가뭄과 긴 장마로 이미 대단히 피곤하고 지쳐 있습니다. 그런데 질병이 그 뒤를 이어 한 번 吐瀉病에 걸리

독교에 입교에(《1905년 9월 29일》)하였다. 이후 주일예배(《1905년 10월 2일》) 등에 참석하였을 뿐만 아니라 부활절에도 추모기도(《1906년 3월 22일》)를 하였다. 그래서 그는 高請神祀를 폐지(《1905년 12월 20일》)하려고 한 적도 있었다. 그러다가 1906년 4월에 세례받기를 권하자, 무슨 이유인지는 모르겠지만 다음에 받겠다는 말로 거절하고 세례를 받지 않았으며, 큰아들도 세례를 받지 않았다.(《1906년 4월 17일》) 이후 1910년까지 기독교인으로서의 활동은 계속되었다. 한편, 지규식은 기독교인이 된 뒤에는 정초에 관성제군을 참배하지 않고 점을 치지도 않았다. 그러나 넷째 아들의 小祥 제사(《1906년 5월 26일》)와 生家의 祖妣 기제사를 지내기도 하였다.(《1906년 8월 3일》) 그 후 1911년 3월부터 천도교에 입교한 것으로 보인다. 그리하여 1911년 4월에는 천도교중앙총본부에서 손병희를 만났으며,(《1911년 4얼 4일》) 1911년 윤6월에는 천도교 地日을 교인들과 기념하기도 하였다.(《1911년 윤6월 20일》) 천도교인이 된 뒤에도 지규식은 先考 기제사를 지냈다.(《1911년 3월 18일》) 그리고 『하재일기』 뒷면에 게재된〈텬도교력사〉는 지규식이 이 무렵에 쓴 것으로 보인다. 지규식은 기독교인이 되었다가 후에 천도교인이 되었지만, 당시의 정치·사회적인 상황 속에 진보적인 지식인으로서 종교를 수용한 것으로 보인다. 어쨌든 지규식은 국가의례나 관·혼·상·제례(특히 혼·상·제례)를 기독교·천도교 방식으로 지내지는 않았고 儒家식으로 지냈다.

면 대부분 목숨을 잃고 회생하는 사람이 별로 없습니다. 스스로 민간
의 관습을 살펴보건대, 罪逆이 막중하니 災疹과 艱險을 면하기는 어렵
습니다. 사리와 형세는 비록 그렇더라도 장차 철저하게 다스리려 한다
면 閭里를 모두 쓸어 없애어 살아남는 사람이 없을까 걱정이 되옵니다.
生生의 이치를 생각함에 어찌 불쌍하고 가엾지 않겠습니까? 하늘 위엄
이 더해지는 곳에 백성들은 두려워하여 서로 경계하고 조심하여 잘못
을 고쳐 새로워질 것입니다. 삼가 간략히 음식을 마련하여 감히 비통
한 심정을 호소합니다. 삼가 원하옵건대, 특별히 보살펴 도우시어 이
생령들을 보호하소서. 아아! 슬프도다. 흠향하소서.'
　　제사를 마치고 同社 諸人이 음복하고 돌아갔다.[176]

　지규식이 마을을 대표하여 황천후토(하늘의 신과 땅의 신. 天地 神
祇)에 제사를 지낸 사실과 축문의 내용을 기록한 것이다. 지규식은
마을에 홍수가 나 전염병이 퍼지자, 자신의 집 앞에 제단을 받들고
희생과 술을 갖추어 마을 사람들과 함께 제사를 지냈는바, 주목할 필
요가 있다. 그 다음은 무속에 대해 살펴보겠다.

　　신위를 모시고 교단으로 나가 한 바퀴 돈 다음 射閣에 봉안한 다음
　　푸닥거리를 하였다. 巳時에 둘째 며느리가 불행하게도 세상을 떠났
　　다. 그런데 집사람이 내가 마음 아파할까 염려하여 숨기고서 알리지
　　않았다.[177]

---

176 〈1895년 7월 25일〉.
177 〈1900년 3월 18일〉.

둘째 며느리가 사경을 헤매자 푸닥거리를 한 내용으로 무속신앙
과 관련이 있다. 지규식은 집안에 우환이 있을 경우, 무당을 불러 굿
을 하고 산신에게 치성을 드리는[178] 등 민간신앙 역시 그의 생활에
깊숙이 자리하고 있었음을 감지할 수 있다. 이번에는 關羽信仰과 관
련된 내용에 대해 언급하겠다.

차례를 마치고 곧바로 內谷으로 가서 關聖帝君을 배알하고 추첨하
여 19번을 뽑으니, 上吉이다. 돌아오는 길에 尹上舍 汾西 선생을 찾아뵙
고 모시고 이야기하였다.[179]

이른 아침에 차례를 지냈다. 關帝馬 앞에서 돈을 던져(擲錢) 21괘를
얻었다. 시의 내용은 다음과 같았다.

東來西往遇亨通　동쪽에서 왔다가 서쪽으로 가서 형통함을 만
　　　　　　　　나리니

不必多疑問主公　의심을 품고 주공에게 물을 필요도 없네.

勒住馬頭占一課　억지로 말 머리에 머물러 점을 한 번 치니

請君目下見形踪　그대 눈 아래 형상이나 살펴보게나.

內谷에 가서 關聖廟에 배알하고 제비를 뽑아(抽籤) 28첨을 얻었는데,
내용은 〈상여가 다리에 적음(相如題橋)〉이라는 시였다. 시의 내용은 다
음과 같았다.

公侯將相各有主　公侯將相이 각기 주인이 있으니

好把勤勞契上天　근로함을 잘 잡아 하늘에 계합(契合)하게 하라.

178　〈1901년 3월 18일〉.
179　〈1891년 1월 1일〉.

人事盡從天理見　사람의 일은 모두 천리를 따라 보이니

才高豈得困林泉　재주가 뛰어나면 어찌 초야에서 곤궁하리.[180]

　　첫 번째 인용문과 두 번째 인용문은 관우신앙에서 유래된 것으로, 지규식은 주로 정초에 關聖帝君(關王廟에서 武德의 神으로 모신 關羽의 靈을 일컫는 말)을 배알하고 돈점(동전을 던져 드러나는 앞뒤에 따라 길흉을 점치는 일)을 치거나 제비를 뽑아 길흉을 점친 사실을 기록으로 남겼다. 관성제군은 관우를 신격화 한 것으로 조선시대의 경우, 1598년(선조 31년) 명나라 장군 陳遊擊의 주도 하에 한양에 南廟를 설립한 것에서 시작되었다. 고종 때에 이르러서는 관왕은 점차 무속에서 모시는 신, 민간에서 모시는 신으로 자리 잡게 되었다. 지규식이 관성제군을 참배하고 한 해의 운수를 점쳤던 것은 국가제례가 아닌 민간신앙으로서 관왕 숭배가 당시 민간에 널리 퍼져 있었다는 것을 보여주는 것[181]이라 하겠다. 다음에는 풍수신앙과 관련된 내용에 대해 살펴보겠다.

　　사람의 불행은 산송보다 더 심한 것이 없습니다. 제가 본래 당신 쪽에 은혜도 원한도 없는데 당신 쪽에서 함부로 양가의 불행을 만드는 것은 이 무슨 이유입니까? 선조를 위하여 선산을 구하는 도리는 반드시 안온한 땅을 택해서 다른 폐단이 없는 뒤에 入葬해야 땅 속에 묻히는 송장도 편안하고 고요하며, 땅속에 묻히는 송장이 편안하고 고요해

---

[180] 〈1899년 1월 1일〉.
[181] 김소영, 앞의 논문, 94쪽.

야 음복을 바랄 수 있습니다. 또 효자의 마음에 선산을 구할 때 어찌 일찍이 자기의 공명과 부귀를 구하겠습니까? 반드시 부모의 송장이 편안하고 고요하여 무사하게만 된다면 효자의 마음에 거의 유감이 없을 것입니다. 그 혹 명당 대지가 禁法에 구애되어 서로 다투며 송사를 일으켜 시끄러워지는 지경에 이른다면, 비록 썩은 뼈라 할지라도 그 영혼은 반드시 불안할 것이니, 음복이 어디에서 생겨나겠습니까? 또 만약 송장이 불안한데도 음복만을 구하는 것은 이는 효심이 아니고 반드시 패역입니다. 아! 上天이 비록 듣지도 알지도 못할 것 같지만, 선에는 복을 주고 악에는 화를 주는 報應은 분명합니다. 어찌 패역의 도리에 복을 내리겠습니까? 가령 어떤 사람이 무난히 당신 쪽 국내에 입장했다고 한다면 과연 태연히 그대로 둔 채 좋은 안색으로 서로 지나치겠습니까? 자기가 하고자 하지 않는 것은 남에게 베풀지 말라는 말을 어찌 그다지 생각하지 않습니까? 저는 본래 한미한 족속인지라 뿌리와 가지가 외롭고 약하여 비록 꺼릴 것이 없지만, 하늘을 떠받치고 땅 위에 우뚝 서 있는 또한 한 男兒입니다. 몸은 비록 미천하지만 그 마음은 당당하여 진실로 의리가 아니면 비록 천둥과 번개 같은 격렬한 위엄이 있더라도 눌리지 않습니다. 더구나 강함을 믿고 약한 사람을 능멸하며, 부유함에 의지하여 가난한 사람을 억압하는 사람에 있어서이겠습니까?…(중략)…당신 쪽에서 만약 효심이 있다면 마땅히 기일을 정해 다시 파서 무사한 땅에 이장하여 부모의 송장을 편안하고 고요하게 한 뒤에 음복을 바랄 수 있고 자손을 기약할 수 있을 것입니다. 만약 고집을 피워 갈팡질팡하며 깨닫지 못한다면, 반드시 가혹한 화를 당할 것이고 썩은 해골은 어디로 떨어졌는지 모르며, 생산과 작업은 이때부터 모조리 없어질 것입니다. 일이 이런 지경에 이른다면 후회할 수도 없고 후회해도 어떻게 미치겠습니까? 저가 이처럼 거듭 上申할 필요가 없습니다. 화살이 시위 위에 있으면 쏘지 않을 수 없습니다. 만약 한 번 쏘면 그 부딪히는 물건은 반드시 완전하지 못할 것입니다. 지금 활시위를 당기려 하니 또한 짐작되는 도가 없지 않을 것입니다. 그러므로 이에 먼저 아뢰니, 깨달아 미련 없이 改圖하여 빨리 회시해 주시기를 희망합니다.[182]

지규식의 山訟 관련 내용이다. 풍수신앙은 조상숭배·發福과 맞물려 조선후기에 이르면 극에 이르러 산송문제를 빈번하게 야기 시켰다. 지규식의 경우도 그러했다. 지규식은 남시면 황금리에 사는 양반 이기보가 지규식의 조부모 산소 백호 어깨 위에 몰래 入葬을 했다.[183] 그래서 지규식은 수차례 옮길 것을 요구했지만, 듣지 않자 양근군에 禁葬에 관한 일로 呈訴 했다. 그러나 이기보를 잡아들여 산송을 해결해 줄 것을 요구했지만, 양근 관아에서는 이기보를 그대로 방면했다. 관청을 통해 산송을 해결할 수 없다고 판단한 지규식은 이기보에게 직접 서신을 보내 해결하고자 했다. 산송을 원만히 해결하기 위해 보낸 위 인용문의 편지에 이기보는 꾸짖음과 욕설로 응했다. 이에 지규식은 양근 군수의 당질인 대교 민광식을 통해 다시 관청에 정소하여 산송을 해결하고자 했다.[184] 결국 산송사건은 양반 이기보를

---

182 〈1899년 9월 17일〉.
183 〈1899년 7월 14일〉.
184 〈1899년 10월 13일, 16일, 28일〉.

압송하는 것으로 마무리되었다. 지규식은 일을 주선해 준 민광식이 대가를 요구하자 100냥을 편지와 함께 보내 사례했다.[185] 여기서 지규식의 풍수신앙 선호도 당대인들의 일반적인 인식태도와 다르지 않다고 본다.

이 밖에 지규식은 관악산 사자사의 승려가 보시를 청하자 10냥을,[186] 북한산 주흥사 승려가 시주를 청하자 15냥을,[187] 또 여주 묘련암 승려에게도 30냥을 시주 했다.[188] 이처럼 지규식이 적지 않은 돈을 시주한 것을 보면, 직접 절을 방문하거나 불공을 드리지는 않았지만, 당시의 많은 사람들이 그러했던 것처럼 토착불교를 민간신앙으로 일상화 했던 것[189]으로 볼 수도 있을 것 같다.

---

[185] 〈1899년 11월 10일〉.
[186] 〈1901년 12월 12일〉.
[187] 〈1897년 2월 22일〉.
[188] 〈1902년 12월 27일〉.
[189] 김소영, 앞의 논문, 94쪽.

『하재일기(荷齋日記)』에 나타난 민속 연구

『하재일기』의 민속학적 가치와 의의
- 결론을 겸하여

『하재일기(荷齋日記)』에 나타난 민속 연구

필자는 지금까지 『하재일기』에 나타난 민속에 대하여 살펴보았다. 앞에서 논의한 사항들을 종합하여 결론으로 삼겠다.

『하재일기』에는 민속놀이 관련 기록이 비교적 많은 편이다. 그런데 그 내용이 구체적이지 못해 아쉽지만, 나름대로 의미가 있다고 본다. 그러면 이에 대해 살펴보기로 하자.

세시풍속의 경우, 설날 차례 후 관성묘에서 제비를 뽑아 길흉을 점친다든지, 저녁에 연등을 다는 것, 정초 근친, 정월 대보름날 저녁 달구경 및 답교 등을 하러 나온 당시 한양 사람들의 모습, 그리고 경기도 광주 분원 주변 마을들의 무동들이 재주를 서로 자랑하고, 또 이들에게 수고비를 주었다는 내용, 매년 삼복 때 직장 동료들과 술과 고기(보신탕)를 먹고 돈을 나누어 주었다는 기록, 추석 차례를 설과는 달리 산소에서 지냈다는 사실과 기독교 입교 후에는 아들을 대신 보내 차례를 지내게 했다는 대목, 납일에 약수를 먹었다는 기록 등은 주목할 만하다.

민속놀이의 경우, 한양에서의 답교놀이의 실상을 짐작할 수 있다는 사실, 경기도 광주 분원 주변 마을들의 무동놀이의 모습, 산대패들에게 산대놀이를 하게 하려면 비용이 든다는 내용, 꼭두각시놀음 등은 참고할 만하다.

그러므로 『하재일기』에 나타난 세시풍속과 민속놀이는 내용이 다소 간략해 아쉬운 점이 있다. 그럼에도 불구하고 19세기 말~20세기 초 한양과 특히 경기도 광주 지역의 세시풍속과 만속놀이를 엿볼 수 있다는 점에서 자료적으로 가치[1]가 있을 뿐만 아니라 민속학적으로도 의미가 있다고 하겠다.

국가의례의 경우, 가례(嘉禮)는 황제의 즉위기념일과 황제·황태자 탄신기념일 관련 기록만 전하고 있어 아쉬움이 남지만, 국가적인 기념식과 경축식행사를 백성들이 충실하게 실행했다는데 의미가 있다고 하겠다. 특히 이러한 국가적인 기념식과 경축식행사 때 학생들에게 애국가를 제창케 했다는 사실이 눈길을 끈다.

흉례(凶禮)는 궁중상례(宮中喪禮) 관련 내용만 전하고 있는데, 민비의 상례를 제외하고는 궁중 상례를 종전처럼 절차에 의해 제때 제대로 치루고 있었을 뿐만 아니라 백성들도 정부의 명에 따라 이를 잘 실행하였던 것으로 보인다. 그리고 일본인들이 민비를 살해하고 석유를 뿌려 시신을 불태워 재로 된 것을 버려둔 채 간 사실을 확인할 수 있었다.

출산의례의 경우, 종전과 다른 모습은 거의 찾아볼 수 없다. 그리고 남아선호사상은 양반뿐 아니라 중인이나 평민들까지도 여전하였음을 알 수 있다. 다만 궁중에 태항아리를 납품했다는 사실이 주목되지만, 이와 관련된 자세한 기록을 찾아볼 수 없어 아쉽다.

관례의 경우, 일반적으로 정월에 행했는데, 이 시기에는 시행시기

---

1 이 시기 세시풍속과 민속놀이 관련 자료는『하재일기』와 이유원의『임하필기』(졸고,「『임하필기』에 나타난 세시풍속과 민속놀이 연구」,『동아시아고대학』제26집, 동아시아고대학회, 2011, 301~327쪽 참조) 등을 제외하고는 찾아보기가 쉽지 않다.

의 다변화된 모습을 엿볼 수 있다. 이는 일부 양반가도 예외는 아니었다. 이 시기에는 관례가 엄격하게 지켜지지 않았을 뿐 아니라 그 절차도 점차적으로 축소되었던 것으로 보인다. 그리고 평민들은 대부분 혼례 전에 관례를 행하는 것이 관습화되다시피 했던 것으로 보인다.

혼례의 경우, 혼사를 논의할 때 개화되어 가는 과정 때문에 그런 것인지는 몰라도 파기하는 경우가 종전보다 흔했던 것으로 보인다. 그리고 택일도 신부 집에서 정했던 것은 아니었던 것 같다. 그런데 중인들이나 평민들의 경우, 신부 집에서 혼례를 치렀지만, 부득이 한 경우에는 신랑 집에서 혼례를 치루기도 했던 것으로 보인다. 지규식 자녀들의 혼례는 전통적 절차를 비교적 충실하게 밟고 있었지만, 양가의 형편과 사정에 따라 유동적으로 적용한 것으로 보인다. 전통적 예법을 무시한 채, 상중에 혼례를 치르거나 신부를 데려와 신랑 집에서 혼례를 거행한 것은, 근대화 과정에서 외래 종교 및 외래문화의 유입과 이식, 일제의 식민통치, 특히 유교적 사회질서 쇠퇴 등도 연관성이 있는 것으로 보인다. 그리고 이 시기에는 이혼도 종전보다 흔했던 것 같다.

상례의 경우, 임종에서 발인하여 하관까지의 기간이 다양한바, 종전보다 다소 변화된 것을 확인할 수 있었다. 사대부도 보통 임종서 발인까지 3개월인데, 여기서는 7일인바 이를 안 지키는 양반가도 있었던 것으로 보인다. 그리고 오늘날 일반적으로 행하는 3일장과 초우·재우·삼우제의 흔적을 『하재일기』에서 찾을 수 있는바, 위의 자료들은 그 가치가 매우 높이 평가된다.

제례의 경우, 제사 시간이 일정하지 않았을 뿐만 아니라, 지규식은 기제사를 지내기 전에 재계(齋戒)를 안 했으며, 심지어 제사 전날 술집에 가서 애인을 만나거나 또는 술을 마시기도 하였다. 당시 양반 사대부가(士大夫家) 하고는 다소 차이를 보이고 있다. 그런데 지규식은 기독교에 입교하고 나서도 기제사를 지냈으며, 천도교에 입교한 후에도 제사를 지냈다. 한편, 지규식은 특별한 경우를 제외하고는 한식과 추석 때 직접 또는 동생이나 아들들을 보내 묘소에 가서 차례(묘제)를 지내게 했다. 그렇다고 지규식이 10월에 묘제를 지냈다는 기록은 찾아볼 수 없다. 그리고 지규식은 돌아가신 아버지를 대상으로 지내는 생일제사를 생신차례라고 하여 거의 매년 지냈다. 그런데 생신차례와 제사를 별개로 지낸 적도 있어 특이하다. 신분제도가 철폐되고 일제가 강점할 무렵의 경기도 광주지역 중인출신 집안의 기제사, 차례와 묘제, 생신차례를 지내는 모습은 양반가의 제례 관행보다는 약간 다르고 덜 엄격하지만, 양반이 아닌 집안의 제례라는 점에서 그 의의가 크다고 하겠다.

수연례의 경우, 회갑과 진갑 관련 기록 밖에 없고 특이한 사항은 없다. 다만 부조에 있어서 물품도 다양하고 많았지만, 이 시기에는 돈으로 내는 경우가 더 많았다. 이는 혼·상례에서도 마찬가지로 부조의 양태가 변화되어 가는 모습을 엿볼 수 있다.

민간신앙의 경우, 분원에서 정기적으로 동리의 신사를 지냈고, 동리에서도 매년 고청신사를 지냈는데, 제사비용은 마을 사람들의 경제적 사정에 따라 차등적으로 배분해 추렴하고, 마을 사람들 모두 힘을 합쳐 제수를 준비하고 제사를 지냈다. 제사는 산신당과 부군당에도 지냈으며, 무당을 불러 굿을 하는 것이 通例였다. 이는 자료적으

로 가치가 있다. 그런데 지규식은 기독교인이 된 후, 회사에서 지내
는 신사 제사를 폐지하려 한 적이 있었을 뿐 아니라 賽神, 즉 굿이나
푸닥거리하는 것도 없애려 했지만, 전례대로 어쩔 수 없이 따랐다.
한편, 지규식은 마을에 홍수가 나고 전염병이 퍼지자 마을의 안녕과
건강을 위해 자기 집 앞에 제단을 설치하고 희생과 술 등 제수를 갖
추어 마을사람들과 함께 皇天后土에 제사를 지냈다는 내용이 있는바
주목할 필요가 있다. 그리고 지규식은 집안에 우환이 있을 경우, 무
당을 불러 굿을 하거나 산신에게 치성을 드리는 등 이러한 무속이나,
주로 正初에 關聖帝君을 참배하고 한 해의 운수를 점쳤던 것들은 모
두 민간신앙으로서 당시 민간에 널리 퍼져 있었을 뿐 아니라, 그의
생활 속에도 깊숙이 자리 잡고 있었던 것으로 보인다. 또한 지규식
의 풍수신앙 선호도 당대인들의 일반적인 인식태도와 다르지 않다
고 여겨진다.

이상에서 언급한바와 같이 『하재일기』에 나타난 민속 관련 자료
는 자료적 가치뿐만 아니라 민속학적으로도 의의가 있다고 하겠다.
특히 19세기 말~20세기 초 경기도 광주 지역의 민속을 엿볼 수 있다
는 점에서 자료적으로 그 가치가 매우 높을 뿐만 아니라 민속학적으
로도 의미가 크다. 따라서 『하재일기』는 민속학적으로 새롭게 평가
받아야 한다.[2]

---

2 『하재일기』는 중인 출신의 공인(貢人)이 썼다는 점에서 민속학적으로 자료적 가
　치뿐만 아니라, 일기문학사적 측면, 정치·경제·사회·문화사적 측면, 생활사적 측
　면, 도예사적 측면 등에서 새롭게 평가할 필요가 있다. 따라서 앞으로 『하재일기』
　에 대한 종합적·체계적·심층적인 연구가 시급하다. 이에 대한 논의는 이 분야 연
　구자들에게 맡긴다.

『하재일기(荷齋日記)』에 나타난 민속 연구

【부록】

『하재일기(荷齋日記)』에 나타난 민속 연구

01
『하재일기』에 나타난 민속 관련 자료[1]

하재일기 1 신묘음청록(辛卯陰晴錄) 신묘년(1891) 1월 1일 맑음.

차례(茶禮)를 마치고 곧바로 내곡(內谷)으로 가서 관성제군(關聖帝君)을 배알하고 추첨하여 19번을 뽑으니, 상길(上吉)이다. 돌아오는 길에 윤 상사(尹上舍) 분서(汾西) 선생을 찾아뵙고 모시고 이야기하였다. 조금 있다가 인사하고 물러 나와 이웃 마을의 연세 많은 어른들을 두루 찾아뵈었다. 공방(貢房)에 들르니 자리에 시축(詩軸) 하나가 보였는데, 바로 유초사(柳蕉史)의 원단(元旦) 시(詩)이다. 인하여 차운(次韻)하고 경솔히 작은 목소리로 읊조렸다.

---

[1] 민속 관련 자료는 서울시사편찬위원회에서 『하재일기』 전체를 탈초, 번역한 김상환·이종덕 역, 박은숙 해제, 『국역하재일기 1~8』(서울시사편찬위원회, 2005~2009.)에서 발췌 참고하여 연월일 순으로 제시하였음을 밝힌다. 그리고 이 자료에는 경술국치, 민비시해, 이토 히로부미 사살 등 당시 주요 사건 관련 내용들도 참고용으로 실었다.

만연제구총생신(萬緣除舊摠生新)　세상의 온갖 인연 옛것 버리고
　　　　　　　　　　　　　　　　모두 새로워졌는데
시각금조대길춘(始覺今朝大吉春)　오늘 아침에서야 대길(大吉)의
　　　　　　　　　　　　　　　　봄임을 비로소 깨달았다.
대득인천은우로(待得仁天恩雨露)　어진 하느님의 우로(雨露)의 은
　　　　　　　　　　　　　　　　혜 입기를 기다리고
영가수작화중인(詠歌須作化中人)　노래를 읊으며 모름지기 조화
　　　　　　　　　　　　　　　　(造化) 속의 사람 되려 하도다.

인하여 베개에 기대어 잠깐 잤다.

하재일기 1 신묘음청록(辛卯陰晴錄) 신묘년(1891) 1월 4일 맑음.

아침을 먹은 뒤 지산(芝山) 안 생원(安生員) 댁에 가서 배알하고 조금 있으니, 정 선달(鄭先達) 현도(玄道)가 도경(道京)과 함께 성묘하고 돌아오는 길에 찾아뵈러 왔다. 함께 지산 백씨(伯氏) 댁에 가서 참판 영감께 문후 드리고 돌아오는데, 갈현(葛峴)에 이르니 노상(路上)에 둘째 아들 재구(再龜)가 앞에서 걸어가고 있었다. 물으니 "갈현 안씨 댁에 가서 세배 드리고 돌아오는 길입니다."라고 하여 함께 돌아왔다. 다리가 아프고 피로하여 침실로 들어가 누워서 반나절을 잤다. 오후에 공방에 들어가 동관(同官)들에게 비용으로 내어 준 돈을 회계하였다. 마침 광주(廣州) 순뢰(巡牢)가 와서 그릇을 사 가지고 갔다. 진상(進上) 주발과 입기(立器) 4짐을 이 집리(執吏) 집으로 올려 보냈다. 오늘은 입부(入釜)하는 날인데, 이 선달 종필(鍾弼)의 완장

(阮丈)이 작고하였다고 한다. 난경이 두릉에서 해질 무렵에 돌아왔다. 돼지 값 45냥을 마련하여 뒷집에 보냈다.

하재일기 1 신묘음청록(辛卯陰晴錄) 신묘년(1891) 1월 9일 맑음.
아침을 먹은 뒤 둘째 형수씨는 재구(再龜)를 데리고 이천으로 근친(覲親)하러 가고, 셋째 형수씨는 산구(山龜)를 데리고 미호(渼湖)로 근친하러 갔다. 죽사(竹史)의 아들 혼사가 이달 16일이라고 하여, 돈 10냥을 부조하고 편지를 써서 동생 연식(演植)에게 부쳤다. 동행하다가 나는 남한산성으로 가서 오후에 북문 밖 법화동(法華洞)에 도착하여 친산(親山)에 성묘하였다. 묘지기[墓直] 장상주(張喪主)가 나를 위해 점심을 지어 올렸기에 조금 먹고 서로 작별하였다. 산성 안으로 들어가 박 지사(朴知事)를 뵙고 조금 있다가 영고(營庫)에 가서 친구 박정인(朴正寅)을 만나 악수하고 이야기하였다. 날이 저물어서 정인네 집에 가서 함께 저녁을 먹고, 영고로 내려와서 밤이 깊도록 이야기를 나누고 함께 잤다.

하재일기 1 신묘음청록(辛卯陰晴錄) 신묘년(1891) 1월 10일 맑음.
법화동(法華洞) 장 상주(張喪主)가 찾아와서 모레가 그의 부친 소상(小祥)이라고 하였다. 그래서 돈 10냥을 정인에게 빌려서 제수를 마련하는 데 보태어 쓰라고 주었다. 아침을 먹고 처가에 가서 장모님을 찾아뵙고, 조금 있다가 물러가겠다고 고하고, 즉시 남문 밖으로 나가서 선조(先祖) 산소에 성묘하였다.

하재일기 1 신묘음청록(辛卯陰晴錄) 신묘년(1891) 1월 15일 아침에 흐렸다가 바로 갬.

…(전략) 정권과 함께 옷을 걸쳐 입고 대문 밖으로 나가서 수표교(水標橋)에 이르러 달빛과 등불 빛 야경(夜景)을 구경하고 돌아오다 청계천시장 앞에 이르니, 달빛과 등불 빛이 서로 어우러져 비치는 속에서 북과 꽹과리를 치며 귀가 따갑도록 노래를 부르고 소리를 지르며, 장안의 청춘 남녀들이 어지럽게 떠들어 대는데 구경할 것이 못 되었다. 그래서 즉시 숙소로 돌아오니 대략 삼경(三更)쯤 되었다. 정권은 돌아가고 창순은 잠이 들어 나 홀로 무료히 앉아서 절구 한 수를 읊조렸다.

월광호시상원청(月光好是上元淸)	정월이라 대보름 달빛이 밝은데
만로향진사녀행(滿路香塵士女行)	향내 짙은 청춘 남녀 길을 메우네.
출문시과홍교거(出門試過虹橋去)	문을 나서 홍교(虹橋)를 거닐었지만
일개무인설여정(一個無人說與情)	정담을 나눌 사람 하나도 없구나.

읊기를 마치니, 갑자기 담장 너머에서 낭랑하게 웃으며 이야기하는 소리가 들려왔다. 귀를 기울여 들어 보니, 두서너 명의 낭자가 〈아랑(阿郞)〉이란 신곡(新曲)을 겨루어 부르고서 서로 희학질을 하고 있었다. 또 들으니 서쪽 담장 아래에서 한 노파가 크게 취하여 흐느껴 울면서 "이 몸도 젊었을 때는 해마다 이 밤이 되면 달빛을 구경하고, 6~7명이 짝을 지어 장안의 번화가를 누비며 한없이 즐거워했지. 그

때는 역시 진기한 구경거리와 좋은 일들이 많았다네. 어찌하겠는가?
세월은 유수와 같아 귀밑머리가 흰 눈처럼 백발이 되었으니 세상일
이 한스럽구나."라고 하면서 노래를 부르기도 하고 울기도 하다가
또다시 깔깔거리고 크게 웃는데, 그 거동이 눈으로 보는 것처럼 선하
였다. 나도 혼자 앉아 한바탕 웃고서 다시 절구 한 수를 읊었다.

회춘아녀창아랑(懷春兒女唱阿郎)	춘정 그리는 아가씨들 아랑(阿郎)을 창(唱)하고
적세노파발취광(積世老婆發醉狂)	술에 취한 늙은 노파 정신을 못 차리네.
여하금야무사월(如何今夜無私月)	오늘 밤 저 달빛은 치우침이 없건마는
동벽서상만단장(東壁西廂謾斷腸)	부질없이 동벽서상(東壁西廂)에서 애를 끊누나!

대략 사경(四更)쯤 되어서 다시 잠을 잤다.

하재일기 1 신묘음청록(辛卯陰晴錄) 신묘년(1891) 2월 1일 바람이
불고 눈이 옴.

주원(廚院-사용원의 별칭) 입직(入直) 낭청(郎廳)이 공임(貢任)을
부른다고 하였으나 바람이 불고 눈이 와서 가지 않았더니, 독촉하는
명령이 있어서 할 수 없이 눈보라를 무릅쓰고 입궐하였다. 집리가 인
도하여 직소(直所-번〈番〉을 드는 곳)에 이르니 장무관(掌務官-낭관

103

가운데 우두머리)이, "제기(祭器)를 구워 만드는 자는 반드시 정백(精白)하게 구워 만들어서 이달 그믐 안으로 와서 납부하라."고 하교하여, 건기(件記)를 받아 가지고 나왔다. 장방(長房-관아의 서리들이 쓰던 방)에 이르니, 제원(諸員)이 함께 앉아서 작년 간색기(看色器-품질의 좋고 나쁨을 검사 받기 위해 견본으로 바친 그릇) 중 모리반상(牟里盤床)이 정(精)하지 못한 것을 가지고 여러 가지로 말을 하고, 또 쓰지 않는 무리기(無理器)를 올려 보냈다 하여 좋지 않은 말들을 많이 하였으며, 또 수라간(水刺間)에 제기(祭器)가 남아 있는 것을 가지고 무수히 곤욕스럽게 책망하여 한바탕 설전을 벌였으나 무슨 소득이 있겠는가? 분함을 참고서 나왔다. 석전대제(釋奠大祭)에 예송전(例送錢-관례에 따라 보내는 돈) 23냥을 마련하여 심원근(沈元根)에게 보내고 삼청동(三淸洞)으로 돌아왔다. 손 선달이 화초(花草)의 일로 내방하여 잠시 이야기하고, 술을 사서 접대하고 화초값 50냥을 선불하였다. 해주(海州) 경내 엄장동(嚴長洞) 고석우(古石隅) 사점(私店)과 옹진(瓮津) 장척리점(長尺里店) 분원의 그릇 장수들을 잡아서 올려 보내라는 관문 초안을 수정하였다.

하재일기 1 신묘음청록(辛卯陰晴錄) 신묘년(1891) 2월 22일 맑음.
박인오가 올라가는데 진상품 1짐을 올려 보냈다. 아침을 먹고 이인(伊人)네 집에 갔는데, 기쁘지 않은 기색을 하고 창 밑에서 수를 놓으며 말없이 눈물을 흘리고 있었다. 그 소회(所懷)를 탐색하니 옆에 있는 사람이 말하기를, "내일이 흥근(興根)이 첫 돌인데, 그 아비가 전혀 돌보지 않아서 그 때문에 마음이 편치 않다."라고 하였다. 그래

서 내가 좋은 말로 위로해 주고 돌아와서 당오전(當五錢-1883~1894
년까지 발행된 화폐) 20꿰미, 당백전(當百錢-866년 11월에 발행된 화
폐) 1매(枚), 옛날 동전 250닢, 채아선(彩兒扇-채색 부채) 1자루, 황호
필(黃毫筆-족제비털로 만든 붓) 2자루, 현향묵(玄香墨-먹 이름) 1자루,
자형궁(紫荊弓-자형〈紫荊〉으로 만든 활) 1장(張)을 마련하여 보내어 흥
근이 첫돌 잔치에 드는 비용으로 쓰게 하였다. 도중방(都中房) 회의에
서 미납한 기축년(1889) 내하 기명을 원경(元景)에게 도로 내놓도록
요청해야 한다고 말했는데, 원경이 아프다고 핑계 대고 나오지 않았
다. 그래서 우선 그대로 두었는데, 이종필(李鍾弼)이 술에 취해 횡설수
설하면서 "상장(上掌)과 하장(下掌)을 4명씩 더 늘려서 문서를 명확히
해야 한다."라고 하면서 여러 가지로 의심을 품었다. 그 말을 듣고 나
니 몹시 괴이하다. 작년 일기 중에 계산을 잘못하여 누락된 것이 모두
500여 냥인데, 내가 서울에 있을 때 문서를 대조한 사람이 누구인가?
돌아온 뒤에 아직까지 말 한 마디 없더니, 지금 갑자기 비방하니 더욱
몹시 원망스럽다. 장차 판을 뒤집으려고 하는 것이었으나, 돌아와서
다시 생각해 보니 또한 거리끼는 곳이 있어서 우선 놓아두었다.

하재일기 1 신묘음청록(辛卯陰晴錄) 신묘년(1891) 2월 23일 맑음.
흥근(興根)이의 첫돌이다. 약간의 안주와 음식을 마련하여 익준
(益俊)과 함께 먹었다.

하재일기 1 신묘음청록(辛卯陰晴錄) 신묘년(1891) 2월 28일 맑고 바
람이 붊.

오늘은 바로 한식이다. 동생 연식에게 산구(山龜) 3형제를 데리고 우산동으로 가게 하고 나는 남한산성으로 가서 법화동에 이르니, 어머니와 처고모 한씨 부인이 먼저 묘지기 집에 도착하셨다. 문후를 마치고 조금 앉아서 다리를 쉰 뒤 제수(祭需)를 가지고 묘소에 올라가서 차례를 지내고, 묘지기 집으로 내려와서 점심을 먹었다. 어머님께 내일 돌아오시라고 여쭙고 화경(化京)에게 분부하여 모시고 가게 하였다. 그리고 인사드리고 물러와 북문으로 들어가서 곧바로 동문으로 나가 구불구불 돌아서 경호(鏡湖)에 도착하니, 날이 이미 저녁이 되었다. 조금 전 동문으로 들어오다가 나오는 영인(榮仁)을 길에서 만나 곧바로 미라동(尾羅洞) 산소로 보냈다.

하재일기 1 신묘음청록(辛卯陰晴錄) 신묘년(1891) 3월 13일 맑음.
주인에게 식대로 모두 130냥을 지불하고, 맡겨 둔 어음 중 470냥짜리와 130냥짜리 2장은 그대로 맡겨 두어 준표(準標)로 삼았다. 아침을 먹고 출발했는데, 조근수(趙近守)·홍순팔(洪順八)·이경문(李京文)·이명희(李命喜)·홍영희(洪永喜)와 동행하였다. 광진(廣津)에 도착하여 우천 정춘실(鄭春實)을 만나서 그와 함께 배를 타고 우천에 도착하여 배에서 내려 들어왔다. 뱃삯으로 5냥을 마련해 주고 2냥은 내가 팁으로 주었다. 먼저 이인(伊人)을 만나보고 공소로 돌아와서 여러 동료들과 더불어 이야기하고 집으로 돌아왔다.

하재일기 1 신묘음청록(辛卯陰晴錄) 신묘년(1891) 3월 19일 맑음.
친기(親忌-아버지 제사)이다. 제사 음식을 여러 동료들과 조금씩 나누어 먹었다. 17냥 3전을 주고 땔나무를 샀다. 60냥은 공방으로 들어갔다. 잡초 뽑고 이식하고 보리밭 매는 품삯이 11냥 5전인데 이봉식(李奉植)에게 2냥을 선불하였다. 3냥으로 술과 국수를 사서 천유·이인과 함께 먹었다. 10냥은 도가니 고기 1부(部) 값이다. 이인과 정담을 나누고 해가 저물어서 집으로 돌아왔다.

하재일기 1 신묘음청록(辛卯陰晴錄) 신묘년(1891) 3월 27일 맑고 대풍이 붊.

아취당 현판을 공방에 옮겨 달았다. 양근 필사(筆師-붓을 만드는 사람) 이 서방이 왔다. 염영선(廉永先) 여혼(女婚)에 부조금 10냥을 마련해 보냈다. 이인과 함께 한동(漢洞)이네 집에 갔다. 7전을 주고 술을 사서 함께 마시고 조금 있다가 올라와서 미나리 밭을 수축(修築)하였다.

하재일기 1 신묘음청록(辛卯陰晴錄) 신묘년(1891) 4월 15일 맑음.
고종(姑從) 이태수(李泰秀)의 과년한 여혼에 돈 10냥을 부조하였다.

하재일기 1 신묘음청록(辛卯陰晴錄) 신묘년(1891) 4월 16일 맑음.
화경(化京)에게 짚신 값 4전과 술값 8전을 주었다. 대왕대비전(大王大妃殿) 기년상(朞年喪) 상기(喪期)를 마치는 날이다. 온 동리 노소들이 양류교(楊柳郊)에 포장을 치고서 망곡(望哭-국상(國喪)을 당했을 때에 백성들이 모여서 대궐문 쪽을 향하여 곡하는 일)하고 돌아왔다.

하재일기 1 신묘음청록(辛卯陰晴錄) 신묘년(1891) 4월 17일 비.

반나절 동안 바둑을 두었다. 신시(申時)경에 비가 그치고 석양에 붉은빛이 나왔다. 내일이 남한산성 박 지사 회갑이라고 하므로 생선을 사 오려고 허창손(許昌孫)을 석호(石湖) 홍생원에게 보냈다. 그런데 조금 있다 돌아와서 이르기를 "비가 많이 와서 1마리도 잡지 못하여 구하여 보낼 수 없다고 하였다."라고 하니 낭패이다. 어찌하면 좋은가? 어찌하면 좋은가?

하재일기 1 신묘음청록(辛卯陰晴錄) 신묘년(1891) 4월 18일 맑음.

능행(陵幸)에서 사용할 장본(獐本) 6좌(坐)·백대대항(白大大缸-흰빛이 나는 아주 큰 항아리) 10좌, 공당 댁 큰 대접·약기구 등 모두 2짐을 감정(甘丁)을 시켜 집리(執吏) 집으로 가지고 가게 하였다. 가마에서 그릇을 꺼냈다. 조춘근(趙春根)이 내려왔다. 밤에 장춘헌에 가서 정담을 나누고 올라왔다. 이부자리를 바깥사랑으로 옮겼다. 번화한 네거리에서 무동(舞童)들이 시끄럽게 노래하고 춤을 추어서 잠시 구경하였다. 4전은 술값, 2전 5푼은 담뱃값, 1전은 못[釘]값이다. 무명을 짜 온 공전이 42냥인데 한 필에 13냥씩이고, 또 3냥을 별도로 주었다. 이원유(李元裕) 아들 홍기(弘基)의 혼서(婚書)를 써주었다.

하재일기 1 신묘음청록(辛卯陰晴錄) 신묘년(1891) 4월 21일 맑음.

공방에서 소를 잡고 제수(祭需)를 성대하게 장만하여, 저녁을 먹은 뒤에 제사를 지내고 무녀들을 불러다 굿을 하였다. 별도로 3냥을 준비하여 혹은 사람마다 나누어 쓰기도 했는데 또 3냥을 스스로 썼다. 닭이 운 뒤에 나와서 피곤하여 잠이 깊이 들었다. 조금 전에 들으니, 명창 가동(歌童)이 남한산성에 와서 머물고 있다고 하였다. 그래서 박 지사에게 편지를 보내어 불러오려고 전인하여 사람을 보내고 노자 2냥을 먼저 지불하였다.

하재일기 1 신묘음청록(辛卯陰晴錄) 신묘년(1891) 4월 22일 맑음.
공방신(貢房神)에 대한 제사가 오후에 비로소 끝났다. 장춘헌에 가서 정담을 나눴다. 남한산성에서 박 지사가 편지를 보냈는데, "창동(唱童-노래 부르는 아이. 가동(歌童)) 조양운(趙良雲)을 보내라고 명하여 보냈다."라고 하였다. 도착하여 타고 온 마부에게 품삯으로 6냥을 주고 요기를 시켜 즉시 돌려보냈다. 함께 온 고수(鼓手)는 바로 양운의 아비이다. 술과 국수를 장만하여 먹인 뒤 시험 삼아 단가(短歌)를 들어 보니 과연 명창이라고 평할 만하였다. 전수 받은 스승을 물으니 이창윤(李昌允)이라고 했는데, 지난날 놀러 다니던 시절을 말함에 슬픔을 억제할 수 없었다. 창윤이 죽은 지 이미 몇 해가 되었기 때문이다. 유 선달(柳先達) 공익(公益)이 회갑 잔치에 여러 차례 사람을 보내어 초청하였으므로 여러 동료들과 함께 가서 두어 잔을 마시고 돌아왔다. 유 선달 집에 술 한 동이를 부조하였다.

하재일기 1 신묘음청록(辛卯陰晴錄) 신묘년(1891) 5월 9일 비가 오다가 저녁 무렵 갬.
며칠 전 박 판서 댁에서 혼인 때 서당 앞에 가가(假家)를 만들려고 초둔(草芚) 10건을 빌려 보내라고 하교하셨다. 그래서 세소(稅所)에 사통을 보냈는데 결국 빌리지 못하였다. 그래서 어떻게 회보(回報)해야 할지 난감해 하고 있는데, 마침 박 판서 댁으로부터 하인이 와서 독촉하였다. 몇 명의 동료가 초둔 설치하는 것을 며칠 전부터 예습했는데, 결국 구하여 얻지 못했으니 개초(蓋草)로 대용하는 것이 좋을 듯싶어서 그렇게 여쭙게 했더니, 나왔던 하인이 돌아가고 얼마 되지 않아서 대감의 분부로 금 선생(琴先生)을 불러다가 크게 꾸짖고 심지어 체포하려고까지 하였다. 그래서 황송함을 견디지 못하여 사방으로 널리 구하여 초둔 8건을 구하여 보냈다. 이는 세소 동료들이 대수롭지 않게 여겼기 때문에 생긴 일이니 징계하지 않을 수 없으므로, 이기웅(李基雄)은 작은 벌을 실시하고 함장섭(咸章燮)은 10대를 매질하고 타일러서 끝냈다.

하재일기 1 신묘음청록(辛卯陰晴錄) 신묘년(1891) 5월 11일 맑고 때로 비를 뿌림.

박 판서 대감을 찾아뵙고 혼례를 축하드리고 메밀국수[白麪] 1박스를 부조하였다.

하재일기 1 신묘음청록(辛卯陰晴錄) 신묘년(1891) 5월 23일 비.

주인 노파의 생신이다. 새벽에는 술과 국수를 내오고, 아침은 진수성찬을 차려 내오고, 점심에 또 국수를 내오니 온종일 잘 먹었다. 돈 5냥을 내주어 저녁 반찬값에 보태어 쓰게 하였다. 귀천(歸川) 거동(車洞) 김 서방이 호방(虎榜-무과 또는 무과방목을 말함. 또는 무과 급제자의 성명을 발표하는 글)에 참여하여 긴히 쓸 곳이 있다고 하면서 채전(債錢)을 요구하므로, 괄시할 수 없어 60냥을 빌려 주었다.
주인집에 아가씨 하나가 와서 몸을 의탁해 살면서 주인 아가씨와 같
이 바느질을 하는데, 어떤 사람인지 알 수 없었다. 그런데 그 어미가
와서 자세히 이야기하는데, 벽을 사이에 두고 자세히 들으니 "본 남
편은 패악하고 부랑한 자로, 무단히 쫓아낸 지 이미 몇 해가 되었으
니, 이제 개가를 시키려 하나 마땅한 곳이 없다."라고 하였다. 홍천
종인(宗人) 하징(河澄)이 마침 이 말을 듣더니, 지금 여자 하나를 구
하는 중이라고 하면서, 나에게 말을 통하여 중매를 서 달라고 청하였
다. 그래서 주인 노파를 불러 의논하니, 즉시 그 아가씨에게 말하고,
아가씨도 좋아하면서 따랐다. 우연한 일이 아니었다. 그 아가씨의 성
은 이씨이고, 나이는 지금 23세였다.

하재일기 1 신묘음청록(辛卯陰晴錄) 신묘년(1891) 5월 26일 맑음.
　원주 김화보(金化甫)가 내방하여 반갑게 악수하였다. 춘식(春植)
이 부탁한 백사대 2건, 원유가 부탁한 죽영 1건, 정진의 망건 1닙을
민태순에게 부송하고, 목마철(木馬鐵)을 치범 편에 부쳤다. 이씨 아
가씨가 종인(宗人) 하징(河澄)을 따라가기를 원했는데, 내가 곰곰이
생각해 보니 하징은 일찍이 측실(側室)이 있었다. 만약 이씨 아가씨
를 속이면 뒷날 반드시 원통함을 호소할 꼬투리가 있으므로 알리게
하였다. 그랬더니 이씨 아가씨 모녀가 머리를 흔들며 기꺼이 따라가
려고 하지 않아서 의논을 없던 것으로 하였다.

하재일기 1 신묘음청록(辛卯陰晴錄) 신묘년(1891) 7월 18일 아침에

비가 옴.

민태순(閔泰淳) 집에 가서 수연(壽宴) 잔치 음식을 먹고 돌아오다 다동(茶洞) 하가덕(河加德)을 방문하였는데, 창의문(昌義門) 밖에 나가서 만나지 못하고 돌아왔다. 김경여(金京汝)에게서 5냥이 왔다.

하재일기 1 신묘음청록(辛卯陰晴錄) 신묘년(1891) 8월 3일 맑음.

장춘헌에 가서 잠시 앉아 있다가 돌아와서 공방에서 순기(順己)와 곤장 때리기 바둑을 두었는데, 두 차례 연거푸 이겨서 두 번 때리니 여러 동료들이 익살스럽게 한바탕 웃었다. 생조모(生祖母) 기일(忌日)이다.

하재일기 1 신묘음청록(辛卯陰晴錄) 신묘년(1891) 8월 27일 맑음.

선고(先考) 생신이다. 차례(茶禮)에 참여할 수 없으니 다만 감모(感慕)하는 마음이 간절할 뿐이다.

하재일기 1 신묘음청록(辛卯陰晴錄) 신묘년(1891) 9월 20일 비.

이 선달 천유(天裕)가 해시(亥時) 경에 별세하여 시신이 있는 곳에 가서 한바탕 통곡하였다. 그 슬픈 마음은 말로 이루 형용할 수 없다.

하재일기 1 신묘음청록(辛卯陰晴錄) 신묘년(1891) 9월 21일 맑음.

어머님 생신이다. 간략하게 밥과 국을 장만하여 지내고, 천유 집에 가서 부고를 써서 전인하여 이천에 보냈다. 장춘헌에 가니 이인(伊人)이 천유의 죽음 때문에 슬픔을 견디지 못하여 얼굴을 가리고 눈

물을 흘리며 목메어 울고 있었다. 그 또한 평소에 알고 지낸 정분에
서 나온 것이다.

하재일기 1 신묘음청록(辛卯陰晴錄) 신묘년(1891) 9월 23일 맑음.
…(전략) 천유 관 위에 명정(銘旌)을 쓰고, 가주(假主)와 주상(主箱)
을 만들었다. 함동기(咸東基)에게 빚 얻은 돈 중 남은 돈 7냥을 모두
갚고 수표를 찾아왔다. 신석주(申石主)가 결복하였다. 장춘헌에 가서
장난으로 조 이삭을 땄다. 천유 성복(成服) 후 일포제(日晡祭)에 내가
축을 읽었다. 제사를 마치고 원유(元裕)·순팔(順八)과 함께 한바탕
통곡하고 돌아와 장춘헌에 이르렀다. 한동(漢洞)이 난인(蘭人)과 함
께 조문하려고 술병을 들고 천유 집으로 갔다가 잠시 후 내려왔다.
막 잠에서 일어나서 그들과 함께 이야기하고 밤이 깊어서 돌아왔다.

하재일기 1 신묘음청록(辛卯陰晴錄) 신묘년(1891) 9월 24일 맑음.
친구 이천유(李天裕)를 뒷산 그의 선영(先塋) 아래에 장사 지내고
석양에 반우(返虞)하였다. 술 한 동이를 부조하였다. 유덕기(柳德己)
가 빌려 준 돈 140냥을 봉상하였다. 밤에 장춘헌에 가서 정담을 나누
고 돌아와서 이 선생과 함께 이야기하였다.

하재일기 1 신묘음청록(辛卯陰晴錄) 신묘년(1891) 12월 22일 맑음.
서울 대동(帶洞) 김정윤(金貞潤)이 백장력(白粧曆-흰색으로 책의
〈册衣〉를 대고 꾸민 책력) 1건을 내려 보냈다. 익준(益俊)이 술과 안주
를 마련해서 원유·춘식과 함께 가서 배불리 먹고 취하여 돌아왔다.

밤에 언문전기(諺文傳奇)를 보고 있는데, 인(仁) 아이가 적병(積病-뱃
속에 덩어리가 생겨서 아픈 병) 때문에 또 아파서 밤새도록 잠을 자
지 못하니 몹시 답답하고 답답하다.

　하재일기 2 임진음청록(壬辰陰晴錄) 임진년(1892) 1월 1일 아침은
맑고 사방에 구름 한 점 없음 흐리고 동풍이 솔솔 불다가 저녁에 다
시 흐림.

　차례를 마친 후에 내곡(內谷)에 가서 관성제군(關聖帝君-관왕묘
〈關王廟〉에서 무덕〈武德〉의 신으로 모신 관우〈關羽〉의 영〈靈〉을 일컫
는 말)을 배알하고 마음속으로 금년 신수를 빌었다. 추첨하여 79첨
(籤)을 얻으니 중평괘(中平卦)이다. 물러나와 이웃 마을의 어른들을
찾아뵙고 집으로 돌아와 아침을 먹었다. 아취당(雅翠堂)에 들르니 이
희태(李熙台) 소년이 혼자 앉아 있다가 나를 보더니 나갔다. 외로이
홍매화 나무 아래에 누워 있다가 기분 좋게 장원(莊園)의 나비로 화
신(化身)하여 마음껏 즐기고 잠에서 깨어나니 창을 비추던 해가 서
쪽으로 기울었다. 두세 명의 친구와 마주하여 새해 정황을 이야기하
였다. 저녁을 먹은 후 절구 세 수를 읊었다.

불사근고불혐빈(不辭勤苦不嫌貧)	고생스러움 마다않고 가난함 원망치 않으며
만실환영제일춘(滿室歡迎第一春)	집 안 가득히 찾아온 첫봄을 환영하노라.
수상제진자안열(壽觴齊進慈顔悅)	일제히 헌수(獻壽) 올리니 어머

님 기뻐하시고

무채정중서일신(舞彩庭中瑞日新) 색동옷 입고 뜰에서 춤추니 좋은 날이 새롭다오.

거연사십이년춘(居然四十二年春) 어느덧 마흔두 해의 봄을 맞으니

무시무비위차신(無是無非爲此身) 옳음도 없고 그름도 없는 이내 몸이라오.

의손의자의가실(宜孫宜子宜家室) 단란한 가정에 자손들 화목하니

원작여생온자인(願作餘生蘊藉人) 온자한 사람으로 여생을 보내리라.

매화일수보신춘(梅花一樹報新春) 한 그루의 매화꽃이 새봄을 알리는데

화하상영헌하인(花下相迎獻賀人) 꽃나무 아래에서 하례객을 맞이하네.

낙사금조동팔역(樂事今朝同八域) 오늘 아침 즐거운 일 온 나라가 함께하니

수장초주난무순(須將椒酒亂無巡) 초주를 가져다가 실컷 마셔 보리라.

밤이 깊은 뒤에 집으로 돌아오니 조 상사(趙上舍) 담인(澹人)이 와서 앉아서 이 선생과 이야기하고 있었다. 그래서 마주 앉아 호중(湖中) 산천과 금강(金崗)의 좋은 경치를 이야기하였다. 조금 있으니 유

만룡(柳萬龍)이 음식을 많이 차려 내와서 함께 먹고 닭이 울 무렵 돌아갔다. 어머니께서 기침과 천식(喘息)이 몹시 심하여 편히 주무시지 못하니 마음이 매우 괴롭다.

하재일기 2 임진음청록(壬辰陰晴錄) 임진년(1892) 1월 5일 맑고 밤에 흐림.

땔나무 값이 15냥 7전 5푼이다. 아이들에게 춘첩자(春帖子)를 쓰게 하였다. 남한산성[南城] 박창하(朴昌夏)가 나에게 1만금을 빚 얻어주어 영인(榮仁)을 시켜 함께 이자놀이를 하게 해달라고 하여, 우선 주선해 보겠다고 약속하였다. 밤에 춘헌에 가서 정담을 나누고 돌아왔다.

하재일기 2 임진음청록(壬辰陰晴錄) 임진년(1892) 1월 16일 맑음.
김익준의 자당이 술시(戌時)에 별세하였다.

하재일기 2 임진음청록(壬辰陰晴錄) 임진년(1892) 1월 17일 맑음.
김익준 집에 가서 종일 호상(護喪)하였다.

하재일기 2 임진음청록(壬辰陰晴錄) 임진년(1892) 1월 18일 맑음.
김익준 집에 가서 종일 일을 보았다.

하재일기 2 임진음청록(壬辰陰晴錄) 임진년(1892) 1월 19일 맑음.
땔나무 산값이 50냥이다. 익준 집에 20냥을 부조하였다. 익준이 갈현(葛峴)에 가서 안(安) 생원과 산소 자리를 둘러보고 한 곳을 잡아 놓고 돌아왔다.

하재일기 2 임진음청록(壬辰陰晴錄) 임진년(1892) 1월 21일 맑음.

익준 집에 가서 일을 보았다. 귀천 김 좌랑 댁에서 하인 2명을 보내어 상차(喪次)를 따라 내려왔다.

하재일기 2 임진음청록(壬辰陰晴錄) 임진년(1892) 1월 22일 아침에 눈이 조금 내렸다.

익준 집에서 발인(發靷)하여 휴암(鵂岩) 뒤편에 이르러 광중(壙中)을 만들었다. 해좌사향(亥坐巳向)이다. 미시(未時)에 하관(下棺)하고 봉분을 만드는데 비와 눈이 번갈아 내려서 주인과 빈객이 모두 흠뻑 젖은 채로 돌아왔다. 공소 제원(諸員)이 사정(射亭-활쏘기를 연습하기 위하여 활터에 세운 정자)에서 연우(延虞-장사를 지내고 신주(神主)를 집으로 모셔 올 때 성문 밖에 나가서 맞이함)하였다. 닭이 두 홰 울 때에 연식(演植)이 생남(生男)하였다. 축시(丑時)이다.

하재일기 2 임진음청록(壬辰陰晴錄) 임진년(1892) 2월 4일 맑음.

이른 아침에 이순석(李順石)에게 행장을 지고 길을 떠나게 하여 송파(松坡)에 이르러 점심을 먹고 곧바로 북문 밖 법화동(法華洞)으로 가서 성묘하였다. 성 안으로 들어가 친구 박정인(朴正寅)을 방문하니 반가워하며 악수하고 쌓인 회포를 풀었다. 곧 들으니 김진백(金眞伯)이 죽었는데 그의 할아버지 산소 곁에 장사 지내려고 한다 하였다. 우리 부모의 산소와 아주 가까운 곳이다. 김의 아들을 찾아가서 조문한 후에 좋은 말로 장사 지낼 곳을 탐문하니, 김이 말하기를 "일찍이 잡아 놓은 땅이 없어 이달 25일 증조부 산소 아래에 매장하려 한다."고 하였다. 나는 몹시 놀랍고 걱정되어 내일 함께 가서 묏자리 잡은 곳을 살펴보자고 말하고 돌아와 친구 박의 집에서 잤다.

하재일기 2 임진음청록(壬辰陰晴錄) 임진년(1892) 2월 5일 비.
아침을 먹은 뒤에 이질(姨姪) 준창(俊昌)이 내방하였다. 비가 와서 외출하지 못하고 선영집(宣永集)과 함께 골패(骨牌)놀이를 하였다. 이날 밤은 곧 정인의 조부 기일(忌日)이다. 파루(罷漏) 후에 제사를 지냈다. 제사 음식을 함께 먹고 닭이 운 뒤에 잤다.

하재일기 2 임진음청록(壬辰陰晴錄) 임진년(1892) 2월 6일 약간 맑음.
아침을 먹은 뒤 김을 거느리고 북문 밖으로 나가 법화동에 이르러 묏자리를 둘러보았는데, 김은 기어코 조부 산소 아래쪽에 장사를 지내려고 하였다. 내가 좋은 말로 이치에 의거하여 만류하였으나 김은 본래 패려(悖戾)한 무리이다. 끝까지 듣지 아니하여 결국 귀정을 짓지 못하고 성으로 들어왔다.

하재일기 2 임진음청록(壬辰陰晴錄) 임진년(1892) 2월 18일 맑음.
청탄(靑灘) 정자관이 내방하여 잠시 이야기하였다. 춘헌에 가서 상투 백호를 치면서 정담을 나누었다. 우천에 나갔다가 오후에 들어왔다. 땔나무 값이 8냥 8전이요, 담뱃값이 2전이다. 밤에 춘식과 바둑 실력을 겨루었다.

하재일기 2 임진음청록(壬辰陰晴錄) 임진년(1892) 2월 25일 맑고 저녁에 흐림.

조창희(趙昌熙) 가게에 있는 여러 사람이 나에게 초상계(初喪稧) 설치를 논의하자고 청하므로 허락하였다. 이에 여러 사람과 상의하여 모두 21명이 각각 50냥 6전씩 출자하여 본전은 남겨 두고 이자만 취하여 쓰기로 하고 1,050냥을 이원유에게 빚을 주었다.

하재일기 2 임진음청록(壬辰陰晴錄) 임진년(1892) 2월 27일 맑음.

쌀값 32냥을 조 신계(趙新溪) 댁으로 보냈다. 김사동(金沙洞) 초상계에 들어가 돈 3냥을 미리 내고 백숙모(伯叔母)를 망(望)으로 정하였다.

하재일기 2 임진음청록(壬辰陰晴錄) 임진년(1892) 3월 9일 아침에는 안개 끼고 저녁에 갬.

사제(舍弟)와 함께 남한산성 성묘 길에 나섰다. 연식은 미라동(尾羅洞)으로 가고, 나는 남한산성으로 들어가 북문 밖 법화동으로 나가 성묘하고 차례를 지낸 뒤 점심을 먹었다. 김성원(金成元) 묘는 그의 아버지 묘 앞에 장사를 지냈다. 성안으로 들어가 남문 밖 미륵당(彌勒堂)으로 나가 성묘하였다. 묘지기 집에 새로 들어온 자는 이무금(李無金)이라 하는데, 마침 집에 없어서 만나지 못하였다. 성안으로 들어와 처가에 이르러 저녁을 먹은 후 선이당(宣彝堂) 약국에 가서 서로 안부 인사를 하였다. 조금 앉아 이야기하고 돌아서 북문 안 박정인 친구 집으로 가니 반가워하며 악수하였다. 정인이 말하기를

"이름을 김팔천(金八千)이라고 하는 사람은 곧 김성원의 동생이다. 충주에서 올라와 여러 가지로 방해하고 변을 꾸미려고 하였다. 그래서 가친(家親)이 끝까지 어루만져 타이르고 지사(地師) 안(安) 선달 일권(一權)과 상의하여 김의 아버지 묘 앞에 자리를 잡아 주고 돈 100냥을 마련해 주었다. 이후에 두 집안이 다시는 경계에서 너무 가까운 곳에 장사 지내지 않기로 서로 문서를 작성하여 좋게 타결하였다." 고 하였다. 내가 스스로 생각하건대, 박 대감 어른이 돌봐 주신 은혜는 골육지친(骨肉之親)보다도 더하다. 마음속에 깊이 새겨 한없이 감사한다고 정인에게 말로만 감사함을 표현하였다. 밤이 깊도록 안온(安穩)히 이야기하고 취침하였다.

하재일기 2 임진음청록(壬辰陰晴錄) 임진년(1892) 4월 27일 맑음.
아침에 우천에 나가서 쏘가리 2마리를 6냥 5전에 샀다. 어머니 봉양을 위해서이다. 세전 4냥을 가지고 들어왔다. 굴비[乾石魚]값으로 5냥을 주었다. 장남이(張南伊) 결혼 때 5냥을 부조하였다.

하재일기 2 임진음청록(壬辰陰晴錄) 임진년(1892) 6월 30일 맑음.
솜 튼 삯이 7냥 8전이다. 밭 갈 품삯 12냥을 선돈 주었다. 사계(射契)를 동정(東亭)에 모여서 하였다. 귀천 한 상제 경복(景輻)에게 잿돈 33냥을 치러 주었다. 원유 곗돈 3냥을 담당하여 내주었다.

하재일기 2 임진음청록(壬辰陰晴錄) 임진년(1892) 윤6월 15일 비.
6냥 5전은 금사동(金寺洞) 초상계 잿돈으로 갔다. 난인(蘭人) 조부 부음이 왔다. 몽득(夢得)이 승중(承重-장손이 아버지와 할아버지를 대신하여 조상의 제사를 지내는 일)으로 분상(奔喪-먼 곳에서 부모가 돌아가신 소식을 듣고 급히 집으로 돌아감)하려 하여 돈 50냥을 부조하였다. 밤에 춘헌에 가서 잘 타일러서 화를 풀게 하고 돌아왔다. 담뱃값이 2전이다. 15냥은 백지 1축(軸) 값이다.

하재일기 2 임진음청록(壬辰陰晴錄) 임진년(1892) 7월 20일 맑음.

김맨 사람 술값이 3전이다. 쌀 1두 값으로 36냥을 주었다. 쌀값 360냥을 염석남(廉石南)에게 선돈 주었다. 이공윤(李公允)이 아들 참척(慘慽-자손이 부모나 조부모보다 먼저 죽는 일)을 당하여 나에게 관재(棺材) 구할 곳을 물어서 함장섭(咸章燮) 일가에게 얻어서 주고 염습(殮襲) 용구는 우상옥에게 말하였다. 돈 20냥을 세소에서 들여보내고 해가 저물어서 들어왔다. 남한산성에서 박정인과 선영집(宣永集)·선영삼(宣永三)·김민재(金敏才)·이용필(李用必)이 악공 1명을 거느리고 와서 저녁을 함께 먹고 밤이 깊도록 기뻐하며 즐겼다. 세전 34냥 5전을 가지고 들어왔다.

하재일기 2 임진음청록(壬辰陰晴錄) 임진년(1892) 8월 13일 아침에 안개가 끼고 늦게 갬.

식전에 우천에 나가서 남한산성 박성규(朴性圭)에게 굴토 대전을 추심하려고 편지를 써서 공방 전인 편에 부쳤다. 서구(筮龜)가 아침을 가지고 나와서 3전을 주었다. 담뱃값이 2전이다. 공방 도중에서 소 한 마리를 잡았다. 연식을 남한산성으로 보냈는데, 동남문 밖 선

묘(先墓)에 성묘하고 저물어서 돌아왔다. 밤에 춘헌에 가서 정담을
나누고 돌아왔다. 담뱃값이 2전이다.

하재일기 2 임진음청록(壬辰陰晴錄) 임진년(1892) 8월 15일 맑음.
　아침을 먹은 뒤 나는 남한산성으로 성묘하러 떠나고 아이들은 우
산으로 성묘하러 갔다. 내가 남성에 이르니 해가 아직 정오가 되지
않았다. 박성규(朴性圭) 집에 이르니 대문이 닫혀 있었다. 물으니 어
젯밤에 여아를 출산했다고 하였다. 성규는 성묘를 가고 있지 않았다.
나는 즉시 북문으로 나가 법화동에 이르러 제수를 장만하여 가지고
산소에 올라가서 차례를 지냈다. 마친 후에 묘지기 집으로 돌아와
점심을 먹었는데, 밥은 콩·팥·쌀·조·밤 다섯 가지를 갖춘 오곡밥이
고 맛 또한 특별하여 실컷 먹었다. 작별하고 북문으로 들어가서 처남
한시규(韓始奎)를 만나서 안부를 물었다. 나는 바쁘다고 작별하고 곧
바로 동문으로 나가 걸어서 해질 무렵에 경호를 건넜다. 지나는 길에
춘헌을 방문하여 다리를 쉬고 집으로 돌아오니, 아이들은 아직 돌아
오지 않았고 초경(初更)이 지나서 비로소 이르렀다.

하재일기 2 임진음청록(壬辰陰晴錄) 임진년(1892) 8월 22일 비.
　춘헌에 가서 종일 이야기하고 돌아왔다. 귀천 김 판서 댁에 교자상
2좌가 갔다. 김 판서 댁 산정마마(山亭媽媽)는 옛 청은군(淸恩君)의
소실이다. 내일이 회갑이므로 육류로 허파 1부(部)와 소 염통 1부를
얻어 보냈다.

하재일기 2 임진음청록(壬辰陰晴錄) 임진년(1892) 9월 2일 맑음.

13냥 5전은 밭을 간 품삯, 7전은 술값으로 쓰고 4냥 3전은 안에서 썼다. 박 판서 대감이 《도화선(桃花扇)》 6권을 주면서 "이것은 전기(傳奇) 중에 기이한 글이니 보고서 도로 가져오라."고 분부하셨으므로 받아 가지고 와서 세소(稅所)에 나와서 보았다. 춘헌에 가서 정담을 나누었다. 세전 26냥 5전이 들어왔다. 생가 조모님 기일이다. 제사를 지내고 닭이 운 뒤에 잠을 잤다. 3전은 담뱃값이다.

하재일기 2 임진음청록(壬辰陰晴錄) 임진년(1892) 9월 6일 맑음.

아침을 먹은 뒤 우천에 나갔다가 두릉으로 넘어가 정 판서(丁判書) 부자를 뵙고, 돌아서 정 승지(丁承旨) 댁에 가서 잠시 이야기하고 돌아왔다. 남성 김민재(金敏在)가 편지를 보내어 지석을 부탁하고 돈 20냥을 미리 보내왔으므로 지문(誌文)을 공소에 들여놓았다. 석촌 김 교관 댁 대상이다. 돈 20냥을 부조하고 단자를 수정하여 소매 속에 넣고 직접 가니 본동 여러 친구들이 이미 먼저 도착하였다. 제사를 지낸 뒤 넘어오니 날이 새려고 하였다.

하재일기 2 임진음청록(壬辰陰晴錄) 임진년(1892) 11월 26일 맑음.

먼동이 틀 무렵에 집사람이 해산하는 꿈을 꾸고 갑자기 깨어 보니 신음 소리가 들렸다. 내가 일어나 집 안을 깨끗이 하고서 세수하고 향을 피우고 급히 불수산(佛手散) 1첩을 달여 먹었다. 마침 백토의 일로 인하여 원주 최명극(崔明極)에게 편지를 써서 상경하는 짐꾼에게 부치려고 외출했다가 조금 있다 돌아와 대문에 들어서니 이미 아이를 낳았다. 고고지성(呱呱之聲)을 지르며 울어 대어 해를 보니 벌써 사시(巳時)가 되었다. 마음이 몹시 기쁘고 행복하였다. 어머님께서 크게 기뻐하시며 나에게 "네 처가 또 생남을 하였으니, 문호(門戶)가 크게 번창할 모양이다." 하시기에 내가 "네, 네"하고 사랑으로 물러 나왔다. 밤에 공소에 들어가 이야기하였다. 닭이 울 무렵에 이원유가 제사를 지낸 음식을 차려 내와서 배불리 먹고 돌아왔다.

하재일기 2 임진음청록(壬辰陰晴錄) 임진년(1892) 12월 5일 맑음.
김 선달 죽사(竹史) 아들 혼사 날이 12일이다. 그러므로 돈 10냥을 편지를 써서 전인하여 미음(渼陰)으로 보냈다.

하재일기 2 임진음청록(壬辰陰晴錄) 임진년(1892) 12월 30일 맑음.
'천행이과(天行已過-천행〈天行〉'이란 계절에 따라 발생하는 전염 병을 가리키며, 천행이과(天行已過)란 전염병이 무사히 지나가기를 기원하는 문구임)'란 4자를 주사(朱砂)로 써서 대문 위에 붙여 온역 (瘟疫-급성전염병)을 물리치게 하였다. 땔나무 값이 17냥 5전, 북어 10두름 값이 57냥, 용종(龍宗) 동생 미투리 값이 1냥 7전, 조근수 가 게 외상값이 4냥 6전이다. 이인길(李仁吉)에게서 담배 2근이 오고, 한 정권에게서 김 2톳이 왔다. 경실에게 담배 1근, 한동에게 담배 1근을 주었다. 제주(祭酒)값이 8냥이다. 정은한(鄭恩漢)에게 추심할 퇴촌 양 생원 환전 180냥과 정도경에게 20냥, 합계 200냥을 이공윤에게 옮겨 주었다. 공방 수쇄(收刷-세금을 징수함. 또는 남에게 빌려 준 돈 이나 외상값 등을 거두어들임)의 일로 닭이 운 뒤에 나왔다. 온 집안 식구가 납일(臘日-동지가 지난 뒤 셋째 미일〈未日〉을 명절로 이르는 말) 약수(藥水)를 먹었다.

하재일기 2 임진음청록(壬辰陰晴錄) 계사년(1893) 1월 1일 아침에 구름이 사방을 가리더니 바로 개이고 화창하다.

차례를 마친 뒤 내곡(內谷)에 가서 관성제군(關聖帝君)을 배알하고 추첨하여 제2의 숫자를 얻으니 상길(上吉)이다. 이웃 마을 어른들을 찾아뵙고 인사를 드렸다.

하재일기 2 임진음청록(壬辰陰晴錄) 계사년(1893) 1월 12일 맑음.

익준 아들 진복(鎭福)이 관례(冠禮)를 행한다. 내가 가서 보니 사제 연식이 상투를 매어주고 옷을 입히고 정제(整齊)하기를 마쳐서 내가 축을 읽고 사당에 고함을 돕고 돌아왔다. 광주(廣州) 김효식(金孝植)이 익준에게 편지를 쓰고 순뢰(巡牢)를 전인하여 보냈는데 영문(營門)에서 쓰지 않는 다종(茶鍾) 5개를 올려 보내라는 부탁이 있어서 내가 대신 답장을 써서 순뢰에게 주고 다종 5개를 올려 보냈다. 신창운이 익준에게 저녁을 접대하였으므로 저녁 후에 내려가 살펴보고 돌아왔다. 밤에 사점기(私店器-사점〈私店〉에서 구워 낸 그릇)를 엄중히 금지하는 관문과 전령 및 백토·수을토(水乙土) 가굴(加掘) 공문을 작성하고 닭이 운 뒤에 취침하였다.

하재일기 2 임진음청록(壬辰陰晴錄) 계사년(1893) 1월 15일 맑음.

함동기(咸東基) 아들이 경임(京任)이 되었으므로 사점기(私店器)

공사(公事)를 성첩(成貼)하여 오려고 전인하여 서울로 보냈다. 조금 있다가 돌아와서 말하기를 "함춘백(咸春伯) 형제와 김사선(金士先) 등이 중로(中路)에서 붙잡아 놓고 갖은 악설을 하는데 말로 형용할 수 없다." 하고 끝내 떠나지 않으니 몹시 가슴 아프고 분하다. 어젯밤 조우루에서의 시를 추기(追記)한다.

과계극치알황사(過溪屐齒戛黃沙)	나막신 굽으로 모래를 갈며 시내를 건너서
직도군변애옥아(直到君邊愛屋鴉)	그대를 찾아옴은 옥오(屋烏-屋烏之愛)를 사랑해서라오.
차야차인동차월(此夜此人同此月)	이 좋은 밤 좋은 친구에 명월도 함께하여
어시어주부어화(於詩於酒復於花)	시 짓고 술 마시며 꽃구경까지 하는구나.
간기열세수고수(看棋閱世誰高手)	바둑 구경하며 세상을 지냈으니 누가 고수인가
양학첨아자일가(養鶴添兒自一家)	닭을 기른 아이는 절로 일가를 이루었다네.
뇨고전촌훤공락(鐃鼓前村喧共樂)	징치고 북 울리며 함께 즐기는 앞마을
신년경색최번화(新年景色最繁華)	신년의 경색(景色)이 제일 번화하구려.

석촌 김 교관 기정(沂亭)이 넘어왔다. 박 참봉 하정(荷亭), 박 금포(朴錦圃), 조우루, 조 상사(趙上舍) 소호(筱湖), 신 검서(申檢書) 소송(少松) 등 이웃 사인(士人) 10여 명이 서로 더불어 달을 바라보며 답교(踏橋)하고, 청루(靑樓) 술집에서 실컷 놀고 돌아와 조 상사 서루에 모여 최(催)자 운으로 함께 칠언절구(七言絕句) 시를 짓고, 닭이 운 뒤에 흩어져 돌아왔다.

상등완월보상최(賞燈玩月步相催)	등불과 달구경에 발걸음을 재촉하니
사녀유회일돈개(士女幽懷一頓開)	사녀(士女)들 그윽한 회포를 한껏 풀어 보누나.
차문양주금야로(借問楊州今夜路)	묻노니 양주(楊州)의 오늘 밤 길에
수간향통만거래(誰看香桶滿車來)	향통(香桶) 싣고 오는 수레 누가 보았소.

또 읊었다.

매욕첨향누석최(梅欲添香漏惜催)	매화꽃 향기 짙은데 세월의 재촉이 아쉬워서
시장가석양변개(詩場歌席兩邊開)	시 짓고 노래하는 자리 양쪽으로 벌렸다오.
강남등월편생색(江南燈月偏生色)	강남의 등불과 달빛 유난스레

127

	밝은데
공자왕손매취래(公子王孫買醉來)	공자(公子)와 왕손이 술을 사 가지고 찾아오네.

김익준 자당 대기(大朞)이다. 내가 가서 제사를 돕고 제사를 마친 후에 돌아왔다.

하재일기 2 임진음청록(壬辰陰晴錄) 계사년(1893) 1월 17일 눈바람이 몹시 사나웠다.

동네 아이들이 무동(舞童) 유희를 하면서 공방에 들어가 한바탕 크게 시끄럽게 하여 돈 15냥을 내려 주었다.

하재일기 2 임진음청록(壬辰陰晴錄) 계사년(1893) 1월 18일 맑음.

김익준 집 아들 혼사가 내일이다. 떡 한 시루를 부조하였다. 이기웅(李基雄) 집 여혼에 10냥을 부조하였다. 함동기(咸東基)가 서울에서 내려왔는데 공사와 전령을 성첩하여 왔다.

하재일기 2 임진음청록(壬辰陰晴錄) 계사년(1893) 1월 19일 맑음.

정도경(鄭道京)에게 쌀 6두를 샀는데, 매 승에 3냥 7전 5푼씩, 합계 225냥을 경환(京換)으로 주었다. 춘헌에 가서 정담을 나누고 즉시 돌아왔다. 아이들 무동놀이가 위아래 마을 간에 각각 승리를 다투어 옥신각신하였다.

하재일기 2 임진음청록(壬辰陰晴錄) 계사년(1893) 1월 23일 맑음.

외읍사점 기명을 조사하여 잡아 오는 일로 김주현(金主玄)·김병관(金炳觀)·변주헌(卞主憲)·천세영(千世榮)을 각처로 나누어 보냈다. 노자는 서울에서 주선해 주라고 신석주(申石主)에게 편지를 써서 주었다. 밤에 춘헌에 가서 돈 5냥을 주었다. 사제 준식(俊植)의 기일(忌日)이다. 밤이 깊은 뒤에 제사를 지냈다.

하재일기 3 계사·갑오음청(癸巳甲午陰晴) 계사년(1893) 2월 11일 맑음.

남성 처남 한시규(韓始奎)가 내려왔다. 임씨(林氏) 규수가 나이 18세인데, 재구(再龜) 혼사를 언급하여 승낙을 받고 전인하여 왔다고 하였다.

하재일기 3 계사·갑오음청(癸巳甲午陰晴) 계사년(1893) 2월 12일 맑음.

재구의 사주(四柱)를 써서 한시규에게 주고 임씨 집에 보내어 택일하여 속히 알려 달라고 신신 부탁하였다. 익준이 어제 서울에서 내려왔다. 진사시(進士試)에 급제했다고 하니 매우 다행이다. 이정진(李廷鎭)이 퇴거단자(退去單子)를 올렸는데, 밤 방회(房會)에서 허락지 않았다. 회의를 마친 후 춘헌에 가서 정담을 나누고 돌아왔다.

하재일기 3 계사·갑오음청(癸巳甲午陰晴) 계사년(1893) 2월 15일 비.

남성 임봉재(林奉才)가 내려왔다. 혼사를 의논하였으나 흔쾌히 허락하지 않고 뒤에 마땅히 의논하여 결정하겠다고 하였다. 한남보(韓南甫)가 북5읍 색리의 일로 공연히 나를 원망하니, 일이 몹시 가슴 아프고 분하다.

하재일기 3 계사·갑오음청(癸巳甲午陰晴) 계사년(1893) 2월 18일 맑음.
사제와 영아(榮兒)를 광릉(廣陵) 선영(先塋)으로 보내어 한식 차례
를 지내게 하였다. 박 판서 대감 생신에 초대를 받아서 가서 아침을
먹고 돌아왔다. 밤에 비가 왔다.

하재일기 3 계사·갑오음청(癸巳甲午陰晴) 계사년(1893) 3월 18일 비.
햇빛을 삼켰다 토했다 하여 쾌청하지 못하고 바람도 불었다. 최성
재(崔聖才)가 동곡령(東谷令)에서 병으로 죽었다. 공소에서 품꾼을
얻어 100냥을 주어 염(殮)하여 장사 지냈다.

하재일기 3 계사·갑오음청(癸巳甲午陰晴) 계사년(1893) 3월 20일 맑음.
산해진미를 성대히 마련하여 공방 대청에 진설하고 입재(入齋-제
사 전날에 음식과 행동을 조심하며 재계하는 일)한 제원(諸員)이 황
혼을 이용하여 두 산신당에 올라가 제사를 지낸 뒤에 공소로 내려와
서 여러 부군당(府君堂)에 제사를 지냈다. 창부(倡夫-남자 광대)와 무
녀가 일제히 북을 치고 피리를 불며 앞으로 나가서 밤새도록 굿을 하
였다. 나는 야심하여 집으로 돌아와 조부님 제사를 지냈다. 이날 새
벽에 동남쪽 사이에 하늘색이 불에 타는 듯 붉게 이글거렸다.

하재일기 3 계사·갑오음청(癸巳甲午陰晴) 계사년(1893) 4월 9일 맑음.
귀천 김 생원 집에 정조(正租, 벼) 20석을 방매할 것이 있으므로 매

석에 70냥씩 값을 정해 사서, 1천 냥은 박씨 댁 강동(江東) 낭자에게 옮겨 주고 400냥은 뚝섬[纛島] 사람이 찾아갔다. 저녁을 먹은 뒤 큰 길로 나가 달빛과 연등을 구경하고 밤이 깊어 돌아와 잤다. 백미 2두를 익준 집에 보냈다. 값이 80냥이다.

하재일기 3 계사·갑오음청(癸巳甲午陰晴) 계사년(1893) 5월 29일 맑음. 초복이다. 일을 마치고 모두 본청(本廳)에 모여서 술과 고기를 차려 놓고 취하도록 마시고 실컷 먹었다. 석양에 함경빈과 호택(濩澤)에 가서 목욕하고 돌아왔다. 도산(陶山) 안 생원 댁에서 돈 1천 냥을 5푼 변으로 빚을 얻었다. 석촌 김 교관 댁 도문연(到門宴)에 쓸 비용을 마련하기 위한 것이다. 원영(原營)에서 최명순이 돌아왔다. 염 오위장[廉숲]이 답서를 보냈는데, 백토 상납은 가까운 시일 내 처리할 것이니 최명극을 별도로 보내어 셈을 청산하라고 하였다.

하재일기 3 계사·갑오음청(癸巳甲午陰晴) 계사년(1893) 6월 30일 맑음. 말복이다. 공소에 모두 모여서 술과 고기를 차려 놓고 취하도록 마시고 실컷 먹었다. 제원(諸員)이 난상 토론하여 시장(柴場-분원에서 소용되는 땔나무를 채취하는 산림)과 번조(燔造-질그릇, 사기그릇, 도자기 등을 불에 구워서 만듦)를 나누어 설치하기로 결정하였다.

하재일기 3 계사·갑오음청(癸巳甲午陰晴) 계사년(1893) 7월 6일 맑음. 비각 일을 마치고 목수가 상경하였다. 와장(瓦匠)을 불러서 일을 시작하였다. 귀천 김모(某)가 우천장 변방(邊房)에서 봉납할 세전(稅

錢) 210냥을 책임지고 봉납하겠다고 문서를 작성하여 왔으나, 장시가 나간 후 끝내 약속을 어기고 납부하지 않으므로 장졸(匠卒)들이 등소(等訴)하려고 모두 나와 상경하였다. 김모가 김익준을 초치하여 "전후사는 서로 고집할 필요가 없고 장세 돈은 마땅히 관례대로 마련해 주겠다. 피차간에 무사하도록 장졸에게 전하여 타이르고 찾아오라."고 하였다. 그 소행을 살펴보면 대단히 가슴 아프고 웃음이 나온다. 춘헌이 오늘 사시(巳時)경에 여아를 출산하였다. 광주 동문 밖 미사리원(尾沙里院)에서 ▨▨가 능금 1접과 마늘 1접을 가지고 왔기에 파치 그릇 몇 개를 별도로 주었다. 산소 주변의 소나무에 송충이 피해가 매우 심하다고 하니 대단히 놀랍고 한탄스럽다.

하재일기 3 계사·갑오음청(癸巳甲午陰晴) 계사년(1893) 7월 28일 비.
문서 방으로 자리를 옮겼다. 밤이 깊은 뒤에 조모님 제사를 지내고 남은 음식을 차려서 동료들과 함께 먹었다. 변수현(卞守玄) 화목(火木)이 금암(金岩) 아래에 와서 정박하여 삯꾼에게 들여오게 하였다.

하재일기 3 계사·갑오음청(癸巳甲午陰晴) 계사년(1893) 8월 3일 흐리고 저녁에 맑음.
춘헌이 이른 아침에 딸아기가 요사하는 참척을 당했다. 대단히 한탄스럽다. 사령 이금석(李今石)이 원주 최명극 어음 4천 냥을 추심하려고 상경하여 탐문하니, 애당초 거주한 집이 없고 사람도 없어서 허행하고 돌아왔다. 대단히 괴이하고 가슴 아프다. 이 선생 학산이 상경하였다. 비각 단청의 일을 마쳤다. 밤이 깊은 뒤 생가 조모님 제사를 행하고 닭이 운 뒤에 취침하였다.

하재일기 3 계사·갑오음청(癸巳甲午陰晴) 계사년(1893) 8월 15일 아침 맑고 저녁 흐림 밤에 다시 갬.

나는 남성(南城) 여행을 떠났다. 점심때가 되어서 북문 밖 법화동 묘지기 집에 이르니 6촌 매씨 김실(金室)이 마침 나와서 서로 만났다. 즉시 제수를 마련하여 산소에 올라가 차례를 지내고 바로 성안으로 들어가 친구 박경벽(朴敬璧) 집에 이르러 서로 인사를 나누었다. 박 친구가 말하기를 "며칠 전 영윤(令胤)이 올라왔을 때에 편지를 보냈다."고 하여, 내가 아직 보지 못했다고 하니 박이 말하기를 "다른 일이 아니라 용인 생가의 중씨(仲氏)가 가까이하여 신임하는 선비 중에 윤씨라는 분이 있는데, 사람됨이 신중하고 식견과 도량이 있는 듯하다. 요즈음 경내(境內)로 이사하였는데 그 가정을 보호할 계책을 상의하였다. 그러므로 내가 바야흐로 식량을 사려고 1만 냥을 비치하여 주선하고 있다. 형도 또한 도울 방법이 있겠는가?"라고 하여, 내가 말하기를 "사생(死生)을 진실로 형과 함께하겠으나 갑자기 변통할 수 없으니 어찌하면 좋은가, 어찌하면 좋은가?"라고 하고 즉시 적당히 둘러댔다. 밤이 깊도록 심정을 이야기하고 파루(罷漏) 후에 잠을 잤다.

하재일기 3 계사·갑오음청(癸巳甲午陰晴) 계사년(1893) 8월 22일 저녁에 갬.

이경필(李京必) 장례에 술 한 동이를 부조하고, 발인할 때에 장송

(葬送)하여 교외에 이르렀다. 전색(奠色)이란 놈이 공연히 패악한 마음을 품고 갖가지로 침탈하고 괴롭혔다. 매우 통탄할 노릇이다. 저녁을 먹은 뒤 이 사과(李司果) 어른을 찾아뵙고 경필의 장례를 위로하였다. 돌아서 춘헌에 가서 정담을 나누고 돌아왔다. 아이들이 잘못 기국(技局)에 들어갔다고 하여 불러서 한바탕 타일렀다. 인제(麟蹄)에서 김의 애비가 와서 그 아들을 데리고 고향으로 돌아갔다. 노자 50냥을 주었다.

하재일기 3 계사·갑오음청(癸巳甲午陰晴) 계사년(1893) 8월 27일 맑음.
광영에서 총제영(摠制營)의 신칙으로 인하여 "선도중(船都中)을 혁파한 후에 만일 뱃사공을 침책(侵責)하는 폐단이 있으면 반상을 논하지 말고 아울러 잡아 오라."는 전령이 도착했다. 우천 강선(江船) 색장(色掌)의 일로 금석(今石)을 거느리고 갔는데, 공당 대감의 전령에 차첩(差帖)과 ▨▨을 도로 거두라고 하여 집리가 사통 등 공문을 가지고 와서 아침을 대접하여 보냈다. 본원 사령들이 공인·장졸을 잡아다 대령시키라고 갖가지로 트집을 잡고 소란을 피우며 혹독하게 금품을 요구하여 돈 100냥을 주선해 주라고 익준에게 편지를 보내고 무마하여 올려 보냈다. 시사(時事)를 알 만하니 매우 원통하나 어찌하겠는가? 공인의 성책과 익준에게 보내는 사통을 함동기에게 가지고 가게 하고, 진상품 1짐을 전인하여 보냈다. 선고(先考) 생신이라 차례를 올렸다. 임경해에게 그릇 90냥 어치를 얻어 주었다.

하재일기 3 계사·갑오음청(癸巳甲午陰晴) 계사년(1893) 10월 13일

맑음.

변주국 대인 장례를 지냈다. 퇴촌면(退村面) 관음방(觀音坊) 너머 갈산(葛山)에 산소를 정하였는데, 양씨(梁氏) 산의 국내(局內)이어서 시빗거리가 있었다. 광중(壙中)을 팜에 미쳐서 치표(置標)한 지석(誌石)이 나왔는데, 살펴보니 주국의 6대조 변 만호(卞萬戶)가 옛 계사년 정월 20일에 묻은 것이다. 5세손에 이르러 몸을 묻게 되었으니 어찌 하늘이 정한 자리가 아니겠는가? 다행스럽고 또 기이한 일이다. 밤에 춘헌에 가서 정담을 나누고 돌아왔다. 미리 들어온 산통 곗돈 2냥을 맡아 두었다.

하재일기 3 계사·갑오음청(癸巳甲午陰晴) 계사년(1893) 10월 16일
맑음.

진상 대접 2짐과 용준 2쌍을 올려 보냈다. 함동희(咸東羲)가 친산(親山-부모의 산소)을 면례(緬禮-무덤을 옮겨서 다시 장사를 지냄)하려고 경안(慶安)에 가서 구분(舊墳)을 파묘하였다. 여주 도곡 임경해에게 그릇 12냥 어치를 조가(租價)와 상계(相計)하려고 뱃사공 박사홍(朴士弘) 편에 부송하였다. 이전에 사서 보낸 그릇 중 사발 1죽과 탕기 1죽이 모자란다고 하므로 이번에 올려 보냈다.

하재일기 3 계사·갑오음청(癸巳甲午陰晴) 계사년(1893) 10월 18일
맑음.

이이선(李二先) 자혼 우귀(于歸)에 돈 10냥을 부조하였다. 정운형(鄭云兄)의 반우(返虞)에 가서 조문하였다. 밤에 춘헌에 가서 정담을

나누었다.

하재일기 3 계사·갑오음청(癸巳甲午陰晴) 계사년(1893) 11월 6일 맑음.
김영문에게 그릇 1짐을 올려 보냈는데 값이 202냥이다. 남성 안씨 댁 규수와의 혼사가 중간에 파의(破議)하였다고 하므로, 나도 모르게 놀라고 의아해서 한시규(韓始圭)에게 편지를 부쳤다. 밤에 춘헌에 가서 정담을 나누고 돌아왔다.

하재일기 3 계사·갑오음청(癸巳甲午陰晴) 계사년(1893) 11월 16일 약간 맑음.
산성 혼사는 이랬다저랬다 하여 결정하지 못했다. 미음(渼陰) 김희서(金羲瑞) 4촌에 혼기가 찬 규수가 있다는 말을 들었다. 그래서 희서에게 편지하여 중매하게 하고 연식을 전인하여 보냈다. 희서 아들 양덕(良德)이 어제 형수씨를 모시고 올라왔다가 오늘 아침에 내려갔다. 점심때부터 비가 오기 시작하여 저녁까지 왔다. 밤에 개이고 큰 바람이 불었다.

하재일기 3 계사·갑오음청(癸巳甲午陰晴) 계사년(1893) 12월 12일 맑음.
이른 아침에 귀천 김 판서 댁에 갔다. 김 좌랑 자제의 관례(冠禮)에 내가 복인(福人)으로 상투를 짜고 삼가(三加) 후에 내려왔다.

하재일기 3 계사·갑오음청(癸巳甲午陰晴) 계사년(1893) 12월 26일

맑음.

송아지 1마리를 잡아서 경빈과 나누어 세찬(歲饌) 밑천으로 만들었다. 서울의 김정윤(金貞潤)에게 생치(生雉) 2마리, 김태정(金台鼎)에게 생치 2마리, 신창원(申昌源)에게 생치 2마리를 서울에서 사서 보냈다. 재동(齋洞) 김 판서 댁에 갈비 1짝과 소 염통 1부(部), 다동(茶洞) 하가덕 댁에 장심육(長心肉) 1부와 고음차(古音次) 20근, 조창식에게 염통고기 1부와 고음차 20근을 올려 보냈다. 밤에 이웃의 계집 국향(菊香)·매향(梅香)·진옥(眞玉)·연화(蓮花) 등을 불러서 노래 부르고 춤을 추게 하고 밤이 깊어서 자리를 파하였다.

하재일기 3 계사·갑오음청(癸巳甲午陰晴) 갑오년(1894) 1월 1일 이른 아침은 흐리고 식후에 갬.

동네 어른들을 찾아뵙고 신년 하례를 드렸다.

하재일기 3 계사·갑오음청(癸巳甲午陰晴) 갑오년(1894) 1월 8일 맑음.

재구(再龜)가 관례(冠禮)를 행하였다. 술과 음식을 마련하여 이웃 친구와 동료를 초대하여 함께 마셨다.

하재일기 3 계사·갑오음청(癸巳甲午陰晴) 갑오년(1894) 1월 9일 맑음.

밤에 이이선(李二先) 집에 가서 재구의 혼삿날을 택일하여 왔다. 납폐(納幣) 정월 29일, 전안(奠雁) 2월 18일, 우귀(于歸) 2월 24일이다.

하재일기 3 계사·갑오음청(癸巳甲午陰晴) 갑오년(1894) 1월 11일 흐리고 밤에 가랑눈.

진찬 기명 10짐을 올려 보냈다. 영아(榮兒)를 시켜 혼인 택일을 가지고 전인하여 남성으로 보냈는데, 영아가 저물어서 돌아왔다.

하재일기 3 계사·갑오음청(癸巳甲午陰晴) 갑오년(1894) 1월 15일 흐리고 바람, 저녁에 갬.

종일 하는 일이 없었다. 황혼에 대교(大橋) 근처에서 달에 절하였다.

하재일기 3 계사·갑오음청(癸巳甲午陰晴) 갑오년(1894) 1월 16일 맑음.

유춘식이 이종락 채전의 일로 이금석(李今石)을 전인하여 서울로 보냈다. 주헌에게 편지를 썼다. 이웃 마을 연소한 아이들이 기악(妓樂)을 거느리고 여러 날 노래와 춤을 가르쳤다. 나에게 구경 오라고 여러 번 사람을 보내서 마지못해 저녁때쯤 나갔다. 이른바 매향(梅香)·국향(菊香)·진옥(眞玉)·연화(蓮花) 등은 춤추는 자태가 조금 능숙했다. 반일을 구경하고 저녁에 돌아왔다. 장혁(章奕)이 진찬 기명의 일로 서울에서 내려왔다. 이달 17·18일 습의소(習儀所)에서 쓸 물건이 몹시 시급하다. 마련하지 못한 것이 매우 많으니 대단히 두렵고 걱정스럽다. 귀천에서 무동(舞童)들이 내려왔는데, 대로상에서 징과 북소리가 시끄러웠다. 달빛을 받으며 문밖으로 나갔으나 구경할 것이 없어서 돌아서 춘헌에 이르니 또한 있지 않았다. 길에서 이웃 미녀를 만나 달빛 아래에서 거닐다 자못 밤의 한기를 느껴 돌아와 잤다.

하재일기 3 계사·갑오음청(癸巳甲午陰晴) 갑오년(1894) 1월 17일 맑음.

　진찬 기명 6짐을 올려 보냈다. 며늘아기가 해산할 조짐이 있어서 정영달(鄭英達) 가게에서 미역 1속(束)을 23냥에 샀다. 어제 춤 구경을 하고 돌아왔으니 부조하지 않을 수 없어 돈 10냥을 고수(鼓手)에게 행하(行下-상전이나 주인이 부리는 사람들에게 특별히 주는 돈이나 물건. 또는 놀이가 끝난 뒤에 기생이나 광대에게 주는 보수)하고, 공소에서 50냥을 행하하고, 경빈이 10냥을 행하하였다. 경빈은 진옥과 마주 서서 춤을 추었다. 오늘 진시에 며늘아기가 딸을 낳았다. 비록 아들을 낳은 것만 못하나 순산하였으니 매우 다행스럽다. 춘헌에서 불쾌한 일이 있어 돌아왔다.

하재일기 3 계사·갑오음청(癸巳甲午陰晴) 갑오년(1894) 2월 18일 비.

　오늘은 곧 재구가 전안(奠雁)하는 날이다. 비가 계속 멈추지 않아서 할 수 없이 비를 무릅쓰고 길을 떠났는데, 엄현(奄峴)에 이르니 비가 조금 멈추었다. 남성으로 들어가서 곧바로 친구 박정인 집에 이르러 안부 인사를 나눈 뒤에 장복(章服-원래는 관리들의 공복(公服)이었으나, 여기서는 혼례 때에 신랑이 입는 옷을 가리킴)을 갖추어 신부 집으로 가서 전안하였다. 이때에 비긴 틈으로 햇빛이 비추니 매우 상쾌하였다. 밤에 정인과 이야기하고 파루(罷漏)가 되어 잠자리에 들었다.

하재일기 3 계사·갑오음청(癸巳甲午陰晴) 갑오년(1894) 2월 24일 맑음.

　자부가 우귀(于歸)하는 날이다. 온종일 잔치하고 밤이 깊어서 파하였다.

하재일기 3 계사·갑오음청(癸巳甲午陰晴) 갑오년(1894) 3월 16일 맑음.
동네 고청신사(高請神祀)의 예식을 미리 익히는 날이다. 각처에서
구경꾼이 구름처럼 모여들었다. 뒷산 언덕 연로 좌우에는 음식 장사
가 즐비하게 늘어서 있고 청춘 남녀들이 시끄럽게 떠들어 대니 과연
장관이라고 이를 만하다. 나는 동료와 함께 뒷산 언덕에 올라가 자리
를 깔고 술과 음식을 마련하여 실컷 먹고 취하며 구경하고 석양에
내려왔다. 저녁을 먹고 춘헌에 가서 정담을 나누는데 공소에서 나에
게 들어오라고 청하였다. 기생과 악사가 모두 왔는데 노래와 춤추는
것을 구경하고 밤이 깊어서 자리를 파하였다.

하재일기 3 계사·갑오음청(癸巳甲午陰晴) 갑오년(1894) 4월 20일 맑음.
춘식이네 여혼(女婚)에 돈 10냥을 부조하고, 주헌이네 동생 혼사
에 술 1동이를 부조하였다.

하재일기 3 계사·갑오음청(癸巳甲午陰晴) 갑오년(1894) 4월 21일 맑음.
통계 문서를 수정하였다. 어제 남성 친구 박정인(朴正寅) 집에서
부고가 왔는데, 이달 17일에 정인 자친이 별세하였다. 백지 5속(束)
과 황촉(黃燭) 2쌍의 부의를 온 하인 편에 부쳤다.

하재일기 3 계사·갑오음청(癸巳甲午陰晴) 갑오년(1894) 6월 25일 비
와 햇볕이 번갈았다.

중복이다. 술과 고기를 마련하여 제료(諸僚)를 모아 놓고 함께 먹었다. 공소 제료에게 100냥씩 분하(分下-벼슬아치들에게 연례에 따라 돈이나 물품을 나누어 주던 일. 분아(分兒).여기에서는 공원(貢員)에게 연례적으로 나누어 주던 돈을 뜻한다)하였다.

하재일기 3 계사·갑오음청(癸巳甲午陰晴) 갑오년(1894) 7월 19일 아침에 잠깐 비.

응문이 하늘이 밝을 무렵에 죽었다. 매우 슬프고 가슴 아프다. 즉시 가서 한바탕 통곡하고 돌아왔다. 백지 3속을 부의로 보냈다. 밤에 응문 집에 가서 잠시 있다가 돌아왔다. 주헌(柱憲)이 서울에서 내려왔다. 운현궁 본기는 3개로 뚜껑이 있는 합사발(盒沙鉢)과 항아리 등속이다.

하재일기 3 계사·갑오음청(癸巳甲午陰晴) 갑오년(1894) 7월 22일 맑음.
밤이 깊어서 응문이 발인(發靷)하여 교외에 나가 전송하였다.

하재일기 3 계사·갑오음청(癸巳甲午陰晴) 갑오년(1894) 7월 23일 비.
우산(牛山)에 가서 응문 장사 지내는 것을 살펴보고 여유리(汝踰里)로 올라가 성묘하였다.

하재일기 3 계사·갑오음청(癸巳甲午陰晴) 갑오년(1894) 8월 15일 맑음.
아이들은 우산(牛山) 산소로 보내고, 나는 연식과 남성(南城)으로 가서 북문 밖 법화동으로 나가 친산(親山)에 올라가 제사를 지냈다.

성 안으로 들어가 박정인 집에 이르니 주인도 성묘하러 가서 아직 돌아오지 않았다.

하재일기 3 계사·갑오음청(癸巳甲午陰晴) 갑오년(1894) 8월 17일 맑고 저녁에 흐림.
공소 도중에서 쇠머리를 삶아서 함께 술을 마셨다. 저녁을 먹은 뒤 경필(景必) 소상에 조문 갔다.

하재일기 3 계사·갑오음청(癸巳甲午陰晴) 갑오년(1894) 8월 27일 흐림.
오늘은 곧 선고(先考) 생신이다. 이른 아침에 술과 과일을 진설하고 차례를 지냈다.

하재일기 3 계사·갑오음청(癸巳甲午陰晴) 갑오년(1894) 11월 2일 비바람.
셋째 아이 문구(文龜)가 변주국(卞柱國) 여아와 통혼(通婚)하여 이미 승낙을 받아서 사주(四柱)를 써서 보냈다.

하재일기 3 계사·갑오음청(癸巳甲午陰晴) 갑오년(1894) 12월 30일 맑음.
역시 종일 곤욕 당한 것을 이루 다 기술할 수 없다. 박 판서 댁 대소가와 조 고양, 석촌 박운산·김 주서 댁에 각각 세의(歲儀-연말에 선사하는 물건. 세찬(歲饌)을 봉상하였다) 이웃 제희(諸姬)에게도 초와 연지(臙脂)·백분(白粉) 등 물건을 조금씩 나누어 주었다.

하재일기 4 을미년(1895) 1월 1일 계유 삭. 맑음.

아침에 일어나 세수하고 머리 빗고 아이들을 거느리고 가묘(家廟)를 청소하였다. 차례를 지낸 뒤 원중(院中) 어른들을 찾아뵈었다.

하재일기 4 을미년(1895) 1월 4일 아침 맑음.

석촌(石村)에 가서 김 주서(注書)를 뵙고 신년 하례를 올리니, 시축(詩軸) 하나를 꺼내어 나에게 보였다. 곧 제석(除夕)과 원조(元朝) 시이다. 한 번 펼쳐 보았는데, 안에서 떡국과 여러 가지 음식을 마련하여 내와서 조금 먹고 인사하고 물러 나왔다. 박운산(朴雲山) 댁에 이르러 김화선(金化先)을 만나서 안부 인사를 하였다. 안에서 성찬을 마련하여 내와서 조금 먹고 돌아오려는데, 하늘에서 큰 눈이 내려 길을 막았다. 신각(申刻-오후 3~5시. 신시〈申時〉)이 되어 잠시 멈추어서 눈을 무릅쓰고 돌아오다가 춘헌(春軒-본래 이름은 장춘헌〈長春軒〉으로, 술집 상호임. 본 일기에서는 주점과 그 주인 난경(蘭卿)을 지칭하는 용어로 쓰이고 있다)에 들러 잠시 다리를 쉬고 해가 저물어서 집으로 돌아왔다.

하재일기 4 을미년(1895) 1월 14일 맑음.

---(전략)윗 마을 무동(舞童)들이 문 앞에 와서 놀이를 하여 돈 20냥을 행하(行下)하였다. 정육(正肉) 25냥 어치를 사 왔다. 동네 아이들이 무동놀이를 하였다. 위아래 마을로 편을 갈라 큰길에서 요란하게 북과 꽹과리를 치고 퉁소와 피리를 불며 밤새도록 시끄럽게 하였다.

하재일기 4 을미년(1895) 1월 27일 맑음.

함경빈(咸景賓)이 올라왔다. 한 지사가 내방하였다. 아침을 먹은 뒤 종로 조창식 가게에 나가 은(銀) 40원을 추심하여 입전(立廛-조선시대 비단을 팔던 시전의 하나. 선전(縇廛)) 이 서방에게서 납폐(納幣)에 쓸 물건을 흥정하였다. 모두 813냥 8전 5푼어치이다. 두릉(斗陵) 노 오위장이 동영(東營-강원감영. 창경궁 선인문 근처에 있던 어영청 분영(分營) 또한 동영이라 하였으나, 여기서는 강원감영을 지칭하는 것으로 보임)에 호소할 일이 있어 나에게 편지 한 장을 써 달라고 요청하므로 염석하(廉錫夏)에게 편지를 써주었다. 주헌이 백토 색리(白土色吏)의 일로 동영에 관문을 내고 유 초사(柳蕉史)를 대신 보내어 나에게 편지를 써 달라고 요청하였으므로 또한 편지를 써서 부쳤다. 춘헌 은귀이개 한 개를 만들어 안창록(安昌祿) 편에 부쳤다.

하재일기 4 을미년(1895) 3월 12일 맑음.

아이들은 우산 산소로 보내고 나는 연식(演植)과 함께 남한산성 북문 밖 친산(親山-부모님 산소)에 가서 차례를 지낸 뒤 점심을 먹었다. 돌아오는 길에 의아가 남문 밖 산소에서 돌아와 만나서 함께 성안으로 들어갔다.

하재일기 4 을미년(1895) 4월 2일 맑음.

문구(文龜) 관례에 신을 마른신[乾鞋]을 일찍이 팔곡(八谷) 혜공(鞋工)에게 부탁하였는데 아직 만들어 놓지 않아서 낭패스럽게 되었다.

그러므로 서울로 전인하여 보내 사 오게 하려고 신석주에게 편지하였다. 보리밭을 처음 김맸다.

하재일기 4 을미년(1895) 4월 3일 맑음.

문구 관례를 치렀다. 주과(酒果)를 간략히 마련하여 모모를 접대하였다.

하재일기 4 을미년(1895) 4월 15일 맑음.

문구 혼례가 순조롭게 이루어졌다. 중당(中堂)에 잔치를 베풀고 찾아온 손님을 정성껏 대접하였다. 현사당(見祠堂-신부가 처음으로 시집의 사당에 절하고 뵙는 것) 하고 잔치를 끝낸 뒤 교부(轎夫)와 마부(馬夫)에게 각각 10냥씩 행하(行下)하고, 비자(婢子)에게 4냥을 행하 하였다. 장작 10냥, 산자(饊子) 5냥, 담배 2냥 5전, 술값이 2냥이다. 숙수(熟手)에게 조과(造果)값 52냥을 주었다.

하재일기 4 을미년(1895) 윤5월 8일 아침에 비.

봄보리 수확하는 품이 5명이다. 금사동 초상계에서 변삼봉(卞三奉)이 잿돈[齋錢] 3냥 9전을 추렴하여 갔다.

하재일기 4 을미년(1895) 윤5월 10일 아침에 맑고 점심에 비.

밀 타작을 중도에 폐하였다. 금사동 상포계에서 재(齋-초상계에 든 사람이 잿돈을 타 쓸 수 있게 된 일)를 태웠다.

하재일기 4 을미년(1895) 7월 25일 맑음.

이중(里中)이 부정(不淨)하여 우리 집 문 앞에 단(壇)을 닦고 장막을 설치하고, 3경이 되어 희생과 술을 갖추어 하늘에 제사 지냈다. 축원하기를 다음과 같이 하였다.

유세차(維歲次) 을미년 7월 기해삭(己亥朔) 26일 갑자에 조선국 경기좌도 양근군 남종면 분원 제3리에 거주하는 지규식(池圭植)은 거주민 30여 호를 거느리고 삼가 목욕재계하고 두 번 절하고 감히 황천(皇天)·후토(后土)에 고합니다.

아아! 슬프도다. 삼가 생각하옵건대, 만물은 하늘이 내고 땅이 실어 기르니 망극한 은혜와 막대한 은택을 흠뻑 받아서 보답할 길이 없습니다. 지금 이 생민은 불행한 때를 만나 극심한 가뭄과 긴 장마로 이미 대단히 피곤하고 지쳐 있습니다. 그런데 질병이 그 뒤를 이어 한 번 토사병(吐瀉病)에 걸리면 대부분 목숨을 잃고 회생하는 사람이 별로 없습니다.

스스로 민간의 관습을 살펴보건대, 죄역(罪逆)이 막중하니 재진(災殄)과 간험(艱險)을 면하기 는 어렵습니다. 사리와 형세는 비록 그렇더라도 장차 철저하게 다스리려 한다면 여리(閭里)를 모두 쓸어 없애어 살아남는 사람이 없을까 걱정이 되옵니다. 생생(生生)의 이치를 생각함에 어찌 불쌍하고 가엾지 않겠습니까?

하늘 위엄이 더해지는 곳에 백성들은 두려워하여 서로 경계하고 조심하여 잘못을 고쳐 새로워질 것입니다. 삼가 간략히 음식을 마련하여 감히 비통한 심정을 호소합니다. 삼가 원하옵건대, 특별

히 보살펴 도우시어 이 생령들을 보호하소서. 아아! 슬프도다. 흠
향하소서.

제사를 마치고 동사(同社) 제인이 음복하고 돌아갔다. 오늘 새벽
에 원심을 서울에 보내고 주 사과와 익준에게 편지하였다.

하재일기 4 을미년(1895) 7월 26일 맑음.
김문백(金文伯) 자당이 별세하였다. 금년 나이 93세이다. 팥죽 1그
릇을 쑤어 보냈다.

하재일기 4 을미년(1895) 8월 7일 맑음.
전동 현수안 집에 가서 현 수문장(守門將)을 보고 조문(弔問)하였
다. 수안은 대내(大內-임금을 비롯하여 왕비·왕대비들이 거처하는
곳을 두루 이르는 말)에서 나오지 않아 보지 못하고 돌아왔다. 장동
(壯洞) 신창원(申昌源) 집에 조문하고 석양에 숙소로 돌아왔다.

하재일기 4 을미년(1895) 8월 15일 맑음.
아침을 먹은 뒤 친산에 올라가 성묘하고 차례를 지낸 뒤 북문으로
들어갔다.

하재일기 4 을미년(1895) 8월 24일 맑음.
그릇 3칸을 도중에 들였다. 백미 2말을 이덕준(李德俊)에게서 70냥
에 가져왔다. 춘엽(春葉) 편에 익준이 편지를 보내어 도착하였다. "국

모가 살해되어 석유를 뿌려 태워서 재가 되었는데, 관보(官報)에는 이르기를 '폐위(廢位)시켜 서인을 삼아 궁 밖으로 내쳤다'고 하였다. 현흥택(玄興澤)은 상처를 입고 법부로 이수(移囚)되고, 이윤용(李允用) 형제와 최학규(崔鶴奎)·유동근(柳同根)은 모두 경무청에 수감되었으며, 탁지대신 심상훈(沈相勳)은 의관을 벽에 걸어 놓고 관직을 버리고 도주하고, 어윤중(魚允中)이 다시 임명되었다."고 하였다. 궁내부대신 이재헌(李載憲)과 협판 김종한(金宗漢)은 다시 복직되었다.

하재일기 4 을미년(1895) 8월 27일 맑음.
선고 생신이다. 차례를 아침에 지냈다.

하재일기 4 을미년(1895) 9월 6일 비가 내리다 새벽에 그침.
밤에 춘헌을 방문하여 은화 20전을 주었다. 축시(丑時) 무렵에 춘헌이 생남하였다.

하재일기 4 을미년(1895) 10월 24일 맑고 큰 추위.
11냥은 땔나무값, 2냥 5전은 숯값이다. 김경여 어음 1천 냥을 편지 속에 동봉하여 원심을 시켜 전인하여 서울로 보내고, 지난번 제기와 잡종 그릇 값 1천 냥을 내려 보내라고 편지로 부탁하였다. 익준에게 제반 일을 편지로 쓰고, 혜전(鞋廛) 친구 안가에게 경빈의 편지로 써서 보냈다. 원중(院中)에 감정(甘丁)이라고 부르는 고용하는 하인이 있는데, 지난밤 조목동(棗木洞) 길가에서 동사(凍死)하였다. 그가 생존하였을 때에 "품삯을 이모, 박모, 조모에게 맡겨 두었다."고 하였는데, 이 세 사람이 상의하여 추렴해서 장사 지내게 하였다. 이로 말미암아 살펴보면, 돈이 보배가 됨이 긴요하고도 크다고 이를 만하다. 만일 감정이 맡겨 둔 돈이 없었다면, 저 세 사람이 어찌 힘쓸 이치가 있겠는가?

하재일기 4 을미년(1895) 11월 4일 맑음.

무명 75자에 값이 90냥이다. 강춘보에게 가역 품삯 15냥을 주었다. 양미(糧米) 5말 7되 2홉에 183냥 6전 5푼이다. 황혼에 병풍과 장막을 동구(洞口)에 설치하고 노소가 일제히 모여 망곡(望哭)하고 백립(白笠)과 흰옷[白衣]를 입었다.

하재일기 4 을미년(1895) 11월 8일 맑음.

남한산성 둘째 며느리가 귀녕(歸寧-시집간 여자가 친정에 가서 부모를 뵙는 것. 근친)하러 가는데, 인아(仁兒)에게 모시고 가게 하였다. 셋째 며느리도 근친(覲親)하러 갔다. 18냥 6전 5푼은 땔나무 값이다. 김영문 가게에 그릇 5짐을 전인하여 보내려고 결복하고 편지를 써서 부쳤다. 여주 정 생원 아들이 토가(土價) 일로 왔다. 어떤 서울 사람이 돈 50냥을 바꿔 쓰겠다고 하므로 익준에게 편지하여 50냥을 즉시 마련해 주라고 부탁하였다. 이웃에 사는 남천손(南千孫)이 남의 빈집을 빌려 살다가 불을 내어 모두 태웠다. 매우 한탄스럽다.

하재일기 4 을미년(1895) 11월 17일 눈.

저녁에 족동에 가서 조 오위장과 공소 사정을 자세히 이야기하고 조금 있다가 돌아왔다. 저녁에 서루를 방문하였다. 오늘 정삭(正朔)을 바꿔 연호(年號)를 건양(建陽) 원년(元年) 1월 1일로 하였다.

하재일기 4 을미년(1895) 11월 24일 맑음.
익준 편지를 보니 "이미 단발(斷髮)했다."고 하였다. 매우 한탄스럽다.

하재일기 4 병신년(1896) 1월 23일 맑고 바람 불며 춥고, 저녁에 눈을 뿌림.
오늘 저녁은 곧 죽은 아우의 기일이다. 아이들에게 제사를 지내게 하였다.

하재일기 4 병신년(1896) 3월 9일 흐림.
한밤중에 갑자기 이웃에서 곡소리가 들려와서 알아보게 하니, 한상혁(韓相爀) 대인이 별세하여 여친(旅櫬-관)을 낭천에서 운반해 왔다고 하였다.

하재일기 4 병신년(1896) 3월 10일 맑음.
밥을 먹은 뒤 한상혁을 조위하고 돈 15냥을 부조하고 제기 접시 1죽과 사발·대접 각 5개, 보시기 5개, 제주병 2개, 향로·향합 1벌을 얻어 주었다. 오후에 발인하여 경안천(慶安川) 가에서 노제(路祭)를 지내고 전송하였다.

하재일기 4 병신년(1896) 3월 28일 저녁에 비.

문비(門神-악귀를 쫓기 위하여 대문에 붙이는 신장〈神將〉의 그림) 1대(對)와 벽호(壁虎-도마뱀과 비슷하게 생긴 파충류의 하나. 발에 흡반〈吸盤〉이 있어 벽을 잘 기어 다니며, 수궁〈守宮〉이라고도 한다) 1 장을 그렸다. 남한산성 석기환이 채전 일로 전인하여 왔다.

하재일기 4 병신년(1896) 4월 1일 맑음.

고청신사 습례(習禮-예법이나 예식을 미리 익히는 것) 날이다. 육 장군 신위를 모시고 깃발을 가지고 산 뒤쪽으로 가서 전례에 따라 거 행하고, 모시고 도가(都家)로 돌아와 습례를 행하였다. 초경(初更) 뒤 에 두 산당(山堂)에 제사를 지냈다.

하재일기 4 병신년(1896) 4월 2일 맑음.

아침을 먹은 뒤 신위를 모시고 양류가(楊柳街)로 나가 사각(射閣) 에 이안(移安-신주나 영정 등을 다른 곳으로 옮겨 모시는 것)하고 온 종일 제사를 지냈다. 약 이경(二更)쯤 되어 불태우고 파하였다.

하재일기 4 병신년(1896) 4월 3일 맑음.

조카 택구(澤龜)가 회충 증세가 대단히 심하여 계속하여 약을 써 보았으나 끝내 효험이 없다. 대단히 답답하다.

하재일기 4 병신년(1896) 4월 17일 맑음.

조카 택구의 병세가 갑자기 심해지더니 사시(巳時)쯤에 운명하였다. 참혹하고 놀라움을 금할 수 없다. 즉시 내다가 서산 아래에 묻고 오후에 돌아왔다.

하재일기 4 병신년(1896) 6월 20일 비.
홍순팔이 죽었다. 그 노모의 정상과 과부·고아의 참상은 차마 말로 형용할 수 없다. 백지 2속을 부의로 보냈다.

하재일기 4 병신년(1896) 6월 21일 흐리고 비.
홍순팔 집에 술 1동이를 얻어 보냈다. 홍순팔을 서산(西山) 기슭에 장사 지냈다.

하재일기 4 병신년(1896) 8월 27일 맑음.
선고 생신이다. 술과 과일을 간략히 차려 놓고 차례를 지냈다.

하재일기 5 병신년(1896) 10월 14일 을해. 맑음.
오시에 인아(仁兒)의 측실(側室) 국청(菊靑)이 아들을 낳았다.

하재일기 5 병신년(1896) 10월 30일 맑음.
홍옥포(洪玉圃)의 손랑(孫郎) 혼례에 떡 한 그릇을 부조했다.

하재일기 5 정유년(1897) 1월 1일 맑음.
이른 아침에 차례를 지냈다. 제사를 마친 뒤 내곡(內谷) 관성묘(關聖廟)에 가서 배알하였다. 제비[籤]를 뽑아 33중평괘(中平卦)를 얻었다. 제목은 장자모도(莊子慕道)이고, 시는 아래와 같다.

불분남북여서동(不分南北與西東)   남북과 동서를 구분하지 않으니
안저혼혼이사농(眼底昏昏耳似聾)   눈이 낮아 어둡고 귀는 먹은 것
                                  같네.
숙독황정경일권(熟讀黃庭經一卷)   『황정경(黃庭經)』한 권을 익숙
                                  하게 읽으면
막론귀천여궁통(莫論貴賤與窮通)   귀천과 궁통을 논하지 않으리.

돌아오는 길에 이웃 부로(父老)들을 두루 방문하였다. 늦게 변주헌(卞柱憲)과 함께 족동(簇洞)에 가서 조 오위장(趙五衛將)을 보고 신년 하례를 나누었다.

하재일기 5 정유년(1897) 1월 2일 임진. 맑음.
아침밥을 먹은 뒤 귀천(歸川)에 가서 김취당(金翠堂) 대감을 알현하였다. 오후가 되어서야 내려와 춘첩자(春帖字)를 썼다. 밤에 문부(文簿)를 정리하였다. 밤이 깊어 가자 크게 바람이 불었다. 전동(磚洞) 김 대감 세의(歲儀) 각종 합계 97냥, 유 주사(劉主事) 세의 합계 71냥, 도서(圖書) 조각값 5냥, 도합(都合) 173냥을 광교(廣橋)에 유치해 둔 돈 중에서 계산하기 위해 이도성(李成道)과 함장섭(咸章燮)이 도중(都中) 회계에서 귀정 지었다.

하재일기 5 정유년(1897) 1월 15일 을사. 아침에 흐렸다가 저녁에

맑음.

저녁이 된 뒤 한용식과 이영균 제익(諸益)과 짝을 지어 달빛 아래를 거닐며 다리를 밟고 청나라 물건을 파는 가게에서 불꽃놀이를 구경하다가 돌아왔다.

하재일기 5 정유년(1897) 4월 14일 계유. 비가 오고 늦게 맑음.
산대패(山臺牌) 놀이 비용이 적지 않게 든다고 하여 돈 10냥을 도와주었다.

하재일기 5 정유년(1897) 5월 28일 병진. 맑음.
인아에게 500냥을 주어 베를 사 오도록 했다. 남성 빙모님이 오늘 인시(寅時)에 세상을 떠났다는 부음이 왔다. 제주(祭酒)와 제잔(祭盞) 각 1개를 가져와 하인 편에 부쳤다.

하재일기 5 정유년(1897) 5월 29일 정사. 맑음.
아침에 추웠음. 홑옷을 입을 수 없으니 매우 괴이하다. 아이 영례(榮禮)와 영의(榮義)를 모두 남성 처가로 보내고 돈 100냥을 부쳤다. 집사람에게 편지를 부쳤다. 회사 돈 200냥을 빌려 썼다. 밭을 김맨 품삯 24냥을 지급하였다.

하재일기 5 정유년(1897) 7월 25일 임자. 맑다가 밤에 비가 옴.
인산(因山)에 쓸 처음 구운 지석 100여 편이 모두 깨지고 터져 한 개도 온전한 것이 없어서 서울에 편지를 써서 인아(仁兒)를 특별히 보냈다. 돈 1만 냥을 내려보내 달라는 일로 또 편지를 보냈다. 김문백(金文伯)의 대상(大祥)이므로 10냥을 부조했다. 함춘교(咸春敎) 집이 성복(成服)이므로 10냥을 부조하였다. 저녁밥을 먹은 뒤 두 집에 조문하고 돌아왔다.

하재일기 5 정유년(1897) 8월 4일 신유. 맑음.
밤에 증조모님 제사를 지냈다.

하재일기 5 정유년(1897) 9월 14일 경자. 맑음.
용인 박 오위장 집에서 사람을 보내왔는데, 박정인(朴正寅)의 편지를 보니, 질녀 혼사는 이달 20일에 납폐(納幣)하고 28일에 전안(奠雁)한 날로 전하여 보내고, 우귀(于歸)는 택일해서 보낸다고 했다. 제기와 접시 1죽(竹), 탕기(湯器) 3개를 사서 보내 달라고 돈 15냥이 왔다. 함동헌(咸東獻)이 서울에서 내려왔는데, 안중기(安重基)의 편지를 보니, 6천 냥을 내려보내니 태항(胎缸)이 매우 시급하므로 며칠 안으로 구워서 보내 달라고 했다.

하재일기 5 정유년(1897) 9월 19일 을사. 맑고 바람이 불다가 늦게 흐림.
질녀의 납폐(納幣)를 용인 박 오위장 집에서 온 세 사람이 가져왔다. 저녁밥을 먹은 뒤 자리를 설치한 다음 의례대로 올리고 술과 반찬을 갖추어 온 사람을 대접하였다.

하재일기 5 정유년(1897) 9월 22일 무신. 맑음.

질녀 혼수를 흥정하기 위해 원심(元心)을 특별히 보내고, 각처에 편지를 써서 봉한 다음 모두 부쳐 보내고, 노자 2냥을 주었다. 땔나무 값이 6냥, 백하(白蝦) 반 단지 값이 47냥 5전, 집일을 하고 마신 술값이 2냥 3전이다. 조카아이가 학질 기운으로 몇 달 심하게 고생을 했는데, 요사이 더 심해진데다 손자 아이가 감기로 병이 중하니 매우 걱정스럽다. 금 선달(琴先達) 순교(舜敎)가 세상을 떠났다고 하는데, 혼삿날이 머지않아 가서 볼 수 없으니, 매우 슬프다.

하재일기 5 정유년(1897) 9월 25일 신해. 맑음.

조카아이가 마침내 효험이 없어 요절하였으니 애처롭고 놀라움을 비할 데가 없다. 그런데 질녀의 혼기가 다음 날이라, 집안에서 불상사로 혼인을 물러야 한다면 장차 용인에 특별히 기별을 하고자 했다. 혹은 신랑 집은 한창 경사로 기뻐하고 있을 것이니 안 좋은 일을 알릴 필요가 없으므로 덮어 두고 발설하지 않는 것이 좋을 듯하다고 했다. 나도 고집하기 어려웠으므로 물의(物議)를 따랐다.

하재일기 5 정유년(1897) 9월 27일 계축. 맑음.
용인 신랑 일행이 정 선달(鄭先達) 현도(玄道) 집에 도착했다.

하재일기 5 정유년(1897) 9월 28일 갑인. 아침에 흐리다가 오후에 바람이 크게 불고 비가 옴.

천둥이 치고 우박이 크게 내려 혼례를 할 수가 없었는데, 미시(未時)쯤에 바람과 비가 그치고 크게 맑아 이어 혼례를 행하였다. 신랑 조부 박 수문장(守門將)이 후행(後行)으로 와서 차와 음식을 내와서 접대했고, 밤이 깊도록 이야기를 나누었다.

하재일기 5 정유년(1897) 9월 29일 을묘. 맑음.
박 수문장이 출발하려 하니 신랑이 우선 머물게 하였다.

하재일기 5 정유년(1897) 10월 1일 정사. 맑음.
조카사위가 학질이 조금 나았으므로 가마꾼을 얻어 아들 영의(榮義)로 하여금 용인 본가로 모시고 가도록 보냈다.

하재일기 5 정유년(1897) 10월 21일 정축. 흐리고 비가 옴.
질녀가 시집갈 차림새를 하고, 내일 발송할 제구(諸具)를 일제히 준비해 두었다.

하재일기 5 정유년(1897) 10월 22일 무인. 비.
첫닭이 울 때 온 집안 식구들이 일어나 불을 때 밥을 짓고 가마꾼과 짐꾼을 불러 밥을 다 먹인 뒤 비가 개기를 기다려 발행하려 하였다. 그런데 빗줄기는 그치지 않고 장차 날이 밝아지려 하여 부득이 개인적으로 우의(雨衣)를 일제히 갖추어 출발하고 인아에게 데리고 가도록 보냈다. 노자 60냥을 갖추어 주었다.

하재일기 5 정유년(1897) 10월 23일 기묘. 맑음.

인아가 용인에서 돌아왔다. 어제 저녁이 되어서야 혼례를 치르고 무사히 돌아왔으니 매우 다행이다.

하재일기 5 정유년(1897) 10월 27일 계미. 맑음.

▨▨ 사람들이 일어나 와서 시끄럽게 떠들었다. 인산(因山) 발인 (發靷)을 구경하러 나가니, 이 부위(李副尉)도 졸다가 일어나 나를 데리고 큰 거리로 나갔다. 궐문(闕門)에서 ▨▨문 대로까지 좌우 두 줄의 홍사등(紅紗燈)이 휘황찬란하게 비추었고, 사녀(士女)들이 달려와 모였다. 처음부터 끝까지 구경하고 청나라 사람 다사 (茶肆)에 들어가 이영균(李永均)과 만두 한 주발을 먹었다. 이어 광 교로 올라가 조금 누웠으니 아침 해가 유리창을 쏘았다. - 판독불 가 - 종루(鍾樓) 거리로 나가 - 판독불가 - 수레가 비로소 그 위의 (威儀)를 나타내었는데, 성대하기가 이전에 비하여 장관이었다. 바로 동현(銅峴) 익준(益俊)의 집으로 돌아와 아침밥을 함께 먹고 종일 누워 있었다. 저녁밥을 먹은 뒤 둘째 아들 영의(榮義)가 왔는 데, 그 형제와 집사람, 형수씨가 모두 올라와 ▨▨▨ 씨 집에 있다 고 했다.

하재일기 5 정유년(1897) 10월 28일 갑신. 맑음.

황후(皇后)의 반우(返虞) 대가(大駕)와 황태자(皇太子)가 환궁(還 宮)하기에 동문 밖에 나가 구경하고 돌아왔다. 밤에 비가 왔다.

하재일기 5 무술년(1898) 1월 1일 을유. 맑음.

바로 양력 1월 22일이다. 아침에 일어나니 발이 부르트고 너무 아파 차례에 참석할 수 없어서 아이들에게 제사를 지내도록 하였다.

하재일기 5 무술년(1898) 1월 4일 무자. 맑음.

오늘 밤에 춘헌을 출빈(出殯-장례 지내기 전에 집 밖의 빈소〈殯所〉에 시체를 옮겨 모심)하였는데, 내가 조문하지 못했으니 매우 슬프고 한탄스럽다.

하재일기 5 무술년(1898) 1월 8일 임진. 맑음.

잠시 가서 춘헌의 영연(靈筵-죽은 사람의 영궤〈靈几〉와 그에 딸린 모든 것을 차려 놓는 곳. 궤연)을 보고 돌아왔다. 10냥 8전은 땔나무 값이고, 또 11냥 5전이다.

하재일기 5 무술년(1898) 2월 10일 갑자. 맑고 추움.

이천(利川) 이 선달의 부음이 왔다. 형수씨가 발상(發喪)하니 애통하였다. 상복에 필요한 당목 15자가 함옥순(咸玉順)의 가게에서 왔는데, 매 자에 2냥 2전이다. 부조금으로 50냥을 지급하였다.

하재일기 5 무술년(1898) 2월 11일 을축. 맑고 추움.

형수씨가 분상(奔喪)하였다.

하재일기 5 무술년(1898) 2월 20일 갑술. 흐리다가 밤에 눈이 옴.

숙모님이 해시(亥時)쯤에 세상을 떠났다. 초혼(招魂)하고 거애(擧哀)한 뒤 닭이 울었다.

하재일기 5 무술년(1898) 2월 21일 을해. 눈.

관(棺)을 다듬어 염습(殮襲)을 모두 마쳤다. 해시(亥時) 쯤에 영의(榮義)가 아들을 낳았으니 기특하고 다행이다.

하재일기 5 무술년(1898) 2월 22일 병자. 맑음.

서산당(西山堂) 숙부 묘 오른쪽에 터를 닦기 시작했다. 밥을 먹은 뒤 발인(發靷)하여 양례(襄禮-장례)가 순조롭게 지나갔다. 해가 저물고 나서야 돌아왔다. 쌀 1말에 61냥이다.

하재일기 5 무술년(1898) 3월 1일 갑신. 맑음.

화속(火粟) 두(豆) 5섬을 사원(社員) 4인과 안정기(安鼎基) 총 5인이 나누어 가져갔다. 고랑리(高浪里) 진 선달(陳先達)이 내일 장례를 치르므로 위문하기 위해 연식(演植)을 위임해 보내고 돈 20냥을 부조했다.

하재일기 5 무술년(1898) 3월 13일 병신. 맑고 바람이 붊.

아이 영례(榮禮)를 광릉(廣陵) 선영(先塋)에 보냈는데, 법화동(法華洞) 묘지기 장야(張也)가 와서 집에 우환이 있어 한식의 제수(祭需)를 준비하지 못하겠다고 했다.

하재일기 5 무술년(1898) 5월 4일 병진. 맑음.

해시(亥時) 무렵 이원유(李元裕)가 친상(親喪)을 당했다.

하재일기 5 무술년(1898) 5월 5일 정사. 맑음.

이원유의 초상(初喪)에 두죽(豆粥) 1그릇을 끓여 보냈다.

하재일기 5 무술년(1898) 5월 9일 신유. 맑음.

이원유 집 양례(襄禮) 때 10냥을 부조했다. 봉국(奉國)이 보리타작한 품삯이 3냥 5전이다. 원유 집에서 발인(發靷)을 호송하므로 내가 먼저 화랑방(花郎坊) 산역소(山役所)에 가서 예전 구덩이를 보니 물이 꽉 차 쓸 수 없었다. 같은 언덕보다 조금 위 구덩이를 파 보니 토색(土色)이 적합하였다. 해가 저물어서야 상여(喪輿)가 도착하여 제청(祭廳)에 널을 멈추었다. 군정(軍丁)은 돌아가게 놓아두고 여러 사람들과 밤을 새웠다.

하재일기 5 무술년(1898) 5월 10일 임술. 비.

인시(寅時)에 하관(下棺)하였다. 산역(山役)을 할 때 비가 그쳤다. 봉분에 띠를 심고 제사를 지내고 반우(返虞)했다. 중도에서 비를 만나 돌아와 초우제(初虞祭)를 지내고 모든 손님이 각각 흩어져 집으로 돌아갔다.

하재일기 5 무술년(1898) 5월 7일 기미. 흐림.

밤에 원유 집 호상소(護喪所)에 가서 한참 동안 이야기를 하다가 돌아와 누웠더니, 갑자기 문 밖에서 떼를 지어 모여 달리는 듯하고,

여아(女兒)가 울며 통곡하니 장차 죽이려는 소리가 들렸다. 놀랍고
괴이하여 옷을 입고 문을 나가 들어 보니, 이웃집 이덕유(李德有)의
아들이 오늘 죽었는데 그 과부의 나이가 18세였다. 그런데 같은 마을
에 사는 변원달(卞遠達)이 무뢰배 40~50명을 불러 모아 그 문을 부수
고 과부를 강제로 빼앗으려 왔으므로 이 때문에 크게 소란스러웠다.
이 말을 들으니 매우 통탄스러워 잠을 이룰 수가 없었다.

하재일기 5 무술년(1898) 5월 26일 무인. 비.
산성(山城) 빙모님 소상(小祥)이다. 어제 집사람이 특별히 갔는데,
나는 진참(進參)하지 못하고 돈만 20냥을 부조해 주었다. 김창달(金
昌達)에게 쌀값 20냥을 지급하였다.

하재일기 5 무술년(1898) 8월 15일 병신. 맑음.
아침밥을 먹은 뒤 우산(牛山)으로 아이들을 보냈다. 나는 연제(演
弟)와 함께 정치삼(鄭治三)을 거느리고 광주 북문 밖 법화동(法華洞)
친산(親山)에 가서 차례를 행하였다. 오후에 성(城)에 들어가 박 지사
(朴知事)를 방문하여 문안을 하고 바로 처가에 이르러 빙모님 영연
(靈筵)에서 곡을 하였다. 해질녘에 동성(東城)으로 나와 해가 져서 어
둑어둑할 무렵에 경호(鏡湖)를 건너 집에 도착하니, 우산 일행도 비
로소 이르렀다.

하재일기 5 무술년(1898) 9월 15일 기축. 맑음.
밥을 먹은 뒤 회사에 들어가니 안봉기(安鳳基)와 원심(元心)이 상

경한다고 했다. 오늘 아침에 미리 서구(筮龜)의 사주단자를 적어서 내간(內間)에 맡겨 둔 것을 원심 편에 양주(楊州) 오운리(烏雲里) 김 선달 집으로 부쳤다. 혼사를 의논하려고 또한 김낙서(金洛瑞)에게 편 지를 써서 언급하였다.

하재일기 5 무술년(1898) 10월 3일 계미. 맑음.

서구(筮龜)의 납폐(納幣)를 흥정하려고 내가 상경하여 김춘한(金 春漢)을 데리고 신시(申時)가 지난 뒤 김익준(金益俊)의 집에 도착하 여 저녁밥을 함께 먹었다. 그런 다음 광교(廣橋)에 이르러 안이한(安 李韓)을 만나보고 안부를 나누었다.

하재일기 5 무술년(1898) 10월 4일 갑신. 맑음.

이른 아침에 종교(宗橋)로 가서 한용식(韓龍植)을 보고 아침밥을 함께 먹었다. 오후에 다동(茶洞) 안 사용(安司勇) 집에 내려와 이 부위 (李副尉)와 함께 앉았다. 혼수를 흥정하는 일로 두 사람에게 언급하 니, 전정(錢政)이 펴이지 않는다 하며 내 말에 호응해 주지 않아 마음 이 매우 불편하였다. 종루로 나와 김경여(金敬汝)를 보고 혼수에 관 한 일을 말하니, 김경여가 말하기를, "내일 마땅히 해 주겠네." 하였 다. 돌아오다가 동현(銅峴) 은방(銀房)에서 비녀와 반지 개조한 것을 찾아왔는데, 공전(工錢)이 20냥이다.

하재일기 5 무술년(1898) 10월 5일 을유. 맑음.

김경여·신석주(申石主)와 함께 입전(立廛-비단을 팔던 가게. 선전

〈縇廛〉이라고도 하였으며, 시전의 육주비전〈六注比廛〉 가운데 으뜸이
었다)에 가서 여러 가지를 흥정했더니 합계가 1,080냥이었다. 또 백
목 5필 값이 162냥이다. 김경여에게서 돈 100냥이 오고, 신석주에게
서 돈 28냥 5전이 와서 자질구레한 여러 가지를 산 다음 광교로 돌아
와 안영기(安永基)를 보고 작별하였다.

하재일기 5 무술년(1898) 10월 10일 경인. 비가 오다가 늦게 갬.
서구(筮龜)의 납폐(納幣)를 유용현(柳龍賢)과 김진한(金鎭漢)에게
가져가도록 보냈다. 강 진사(姜進士)도 동행했다가 초경(初更)이 지
난 뒤 돌아왔다. 신부 집에서 이불솜을 준비하지 못해 신랑 집에서
준비해 보내야 이불을 재봉할 수 있다고 했다. 지붕 이을 품삯 16냥
을 먼저 주었다.

하재일기 5 무술년(1898) 10월 13일 계사. 맑음.
- 판독불가 - 관례(冠禮)를 행하였다. 이른 아침에 사당에 고한 다
음 예를 행하고 술과 국수를 약간 준비하여 제공하였다.

하재일기 5 무술년(1898) 10월 21일 신축. 맑음.
지아(智兒) 혼행(婚行)을 보냈는데, 인아가 데리고 갔다. 노자 50냥
을 가져갔다.

하재일기 5 무술년(1898) 10월 22일 임인. 맑다가 잠시 비가 옴.
동리(洞里) 노소(老少) 내행(內行)이 일제히 도착하여 잔치를 베풀

고 접대하였다. 해가 질 무렵에 신부가 비로소 이르러 먼저 사당에 보이고, 온 손님들을 접대하니 밤이 벌써 깊어졌다. 시부모를 보는 예는 내일 하려고 정지하였다.

하재일기 5 무술년(1898) 10월 23일 계묘. 맑음.

신부 후행을 호송하여 온 하인에게 수고비로 30냥을 주었다. 중당 (中堂)에서 잔치를 베풀고 대부인(大夫人)을 모셨다. 우리들이 부부를 거느리고 각각 잔을 바쳤다. 신부가 덕스러운 용모를 구비하여 온 집에 위로가 가득하고 내빈들도 매우 많았다. 내가 먼저 ▨▨▨당 으로 가서 이웃 손님을 접대하였다. 오후에 자리를 파했다. 회사에서 돈 100냥을 빌려 썼다. 검은 옷과 전립(戰笠)을 3냥 4전에 세를 내어 도산(陶山)으로 전송(傳送)했다.

하재일기 6 무술년(1898) 11월 17일 병인. 맑음.

정은한(鄭恩漢)의 자당(慈堂) 환갑 잔치[壽宴]에 10냥을 부조하였다. 염영숙(廉英叔)의 아들 혼사에 북어 1두름[級]을 도와주었다. 이신구(李信求)의 장례에 10냥을 부조하였다.

하재일기 6 무술년(1898) 11월 30일 기묘. 맑음.

이일명(李一明)이라는 사람이 새 각령(閣令-도자기를 굽는 일터. 도자기를 만드는 일을 맡은 공방)에서 병으로 세상을 떠났는데, 그 아내가 자식들을 데리고 광주(廣州) 늑현(勒峴)으로 개가한다고 했다. 그러므로 엄장(掩葬)한다고 통기하였다. 김창교(金昌敎)가 친분

165

이 있어 간검하였으므로 불러서 타일렀더니, 그날 밤에 다른 곳으로 옮겨가 즉시 내다 묻었다.

하재일기 6 기해년(1899) 1월 1일 기유. 맑음.

이른 아침에 차례를 지냈다. 관제마(關帝馬) 앞에서 돈을 던져[擲錢] 21괘를 얻었다. 시의 내용은 다음과 같았다.

동래서왕우형통(東來西往遇亨通)	동쪽에서 왔다가 서쪽으로 가서 형통함을 만나리니
불필다의문주공(不必多疑問主公)	의심을 품고 주공에게 물을 필요도 없네.
늑주마두점일과(勒住馬頭占一課)	억지로 말 머리에 머물러 점을 한 번 치니
청군목하견형종(請君目下見形踪)	그대 눈 아래 형상이나 살펴보게나.

내곡(內谷)에 가서 관성묘(關聖廟)에 배알하고 제비를 뽑아[抽籤] 28첨을 얻었는데, 내용은 〈상여가 다리에 적음[相如題橋]〉이라는 시였다. 시의 내용은 다음과 같았다.

공후장상각유주(公侯將相各有主)	공후장상(公侯將相)이 각기 주인이 있으니
호파근로계상천(好把勤勞契上天)	근로함을 잘 잡아 하늘에 계합

(契合)하게 하라.

인사진종천리견(人事盡從天理見)	사람의 일은 모두 천리를 따라 보이니
재고기득곤림천(才高豈得困林泉)	재주가 뛰어나면 어찌 초야에서 곤궁하리.

또 번자회사(燔磁會社)에서 제비를 뽑아 38첨을 얻었는데, 〈맹강녀가 남편을 생각함〉이라는 시였다. 시의 내용은 다음과 같다.

공음즐즐수고위(蛩音喞喞守孤幃)	귀뚜라미 울어 대며 외로운 휘장 지키는데
천리현현망신귀(千里懸懸望信歸)	멀리서 그리며 돌아오길 바라네.
등득영화공자도(等得榮華公子到)	영화를 얻어 공자가 도달하길 기다리니
추동괄괄우비비(秋冬括括雨霏霏)	가을과 겨울에 억세고 거세어 비가 내리네.

하재일기 6 기해년(1899) 1월 15일 계해.

동내 무동(舞童)들이 회사 안에 들어와서 한바탕 놀았으므로 돈 20냥을 행하(行下)하였다. 아랫동네 무동에게 20냥을 행하하고, 또 10냥을 내가 별도로 주었다.

하재일기 6 기해년(1899) 1월 16일 갑자. 맑음.

석촌(石村)과 족동(簇洞)의 무동들이 원중(院中)에 들어와서 놀려고 할 무렵 석촌의 무동들이 무단히 화를 내서 돌아갔다. 이날 밤에 떼를 거느리고 와서 못된 행실을 부리고자 하여, 원중의 사람들이 일제히 지휘하여 그놈들을 맞이해 싸우니 각자 도망갔다.

하재일기 6 기해년(1899) 1월 17일 을축. 맑음.

귀천(歸川)에서 통문을 돌렸다. 각 동의 무동들이 귀천 앞 들판에 모여 노는데 그 광경이 정말 볼 만하였다.

하재일기 6 기해년(1899) 1월 18일 병인. 비.

종일 장부를 살펴보았다. 밤에 윗동네 무동들이 사중(社中)에 들어와 놀다가 밤이 깊어서야 그만두고 돌아갔다.

하재일기 6 기해년(1899) 1월 19일 정묘. 비.

위·아랫동네 무동들에게 각각 100냥을 도와주었다. 아랫동네 무동들이 사례하는 뜻을 표하기 위해 사중(社中)에 들어왔다. 저물녘에 윗동네 무동들이 술과 반찬을 갖추어 회사에 들어와 치사했다. 백미 1말에 45냥이다.

하재일기 6 기해년(1899) 2월 18일 병신. 맑음.

남계(藍溪) 박 상공(朴相公) 온재(溫齋)가 부르기에 나아가 뵈었더니, 바로 회갑일이었다. 성찬을 베풀어 여러 손님들과 함께 마신 다

음 자리를 파했다. 박 상공이 지은 설문(說文)의 두주(頭註)에 고쳐
쓸 곳이 있어 나에게 개정(改正)해 달라고 했다. 그래서 10여 줄을 고
쳐 써 바로잡아 주고 오후에 돌아왔다.

하재일기 6 기해년(1899) 3월 20일 정묘. 맑음.
이취홍(李取弘)이 서울 걸음을 하는 편에 다천(茶泉)의 부상공사
장(負商公事長) 윤경현(尹敬賢)에게 편지를 부쳤다. 사적인 편지로
이치에 근거하여 꾸짖고 타일렀더니, 끝내 회답이 없었다. 무리를
거느리고 엄현(奄峴)에 갔다. 밤에 벽운루(碧雲樓-분원 근처의 술집
이름으로 추정됨)에 가서 꽃을 감상하고 돌아왔다. 축정(丑正)에 할
아버지 제사를 지냈다. 10냥은 안에서 썼다.

하재일기 6 기해년(1899) 5월 4일 경술. 맑음.
사시(巳時)에 손아 이봉이 불행하게도 죽었으니 탄식한들 무엇 하
랴. 즉시 염을 한 다음 북산에 내다 묻기 위해 삯꾼 7인을 얻었다.

하재일기 6 기해년(1899) 5월 26일 임신. 아침에 흐리다가 늦게 갬.
남성(南城) 빙모님 대상(大祥)이다. 어제 효도를 끝내지 않을 수 없
어 병을 붙들고 강행했더니, 둘째 며느리도 귀녕(歸寧)차 수행했다.
시규(始奎)에게 편지를 쓰고 위문전(慰問錢) 20냥을 부쳤다.

하재일기 6 기해년(1899) 6월 27일 계묘. 맑음.
남계 박 판서 댁에 가서 조문하고 백지 3묶음[束], 황촉(黃燭) 1쌍

을 부의(賻儀)하였다. 김수긍(金洙兢)의 집에 북어 1두름을 부의하였다. 저녁밥을 먹은 뒤 가서 조문하였다.

하재일기 6 기해년(1899) 6월 29일 을사. 비.
남계 박 판서 댁에서 장례비가 부족하자, 나에게 돈 500냥을 빌려달라고 요구하였다. 그래서 회사에 의논했더니, 상장(上掌)이 500냥을 빌려 보냈다.

하재일기 6 기해년(1899) 7월 7일 임자. 맑음.
전편(轉便-이 사람 저 사람 손을 거쳐 전하여 보냄. 또는 그런 인편. 전체(轉遞))에 두호 박운산 댁 내간 정씨(鄭氏)가 토혈 증세로 세상을 떠났다는 소식을 들으니 놀랍고 슬픈 심정을 견딜 수 없었다.

하재일기 6 기해년(1899) 7월 13일 무오. 맑음.
함경빈과 함께 일찍 일어나 동반하여 늑현으로 갔다. 산 정상에 이르니 날이 벌써 오후가 되었다. 박 상인을 만나보고 조문한 뒤 물러나 사처(私處)로 돌아왔다. 점심밥을 먹고 오시(午時)에 하관하여 봉분하고 제주제(題主祭)를 거행한 다음 즉시 발행하였다. 일행이 서하촌 강두(江頭)에 이르러 배를 타고 금암 아래에 이르니 밤이 이경에 가까웠다. 나는 친구 함경빈과 헤어져 뭍으로 내려와 집으로 돌아왔다. 다리가 아프고 피곤했으므로 잠을 잤다.

하재일기 6 기해년(1899) 7월 14일 기미. 맑음.

광주 퇴촌면 우산동(牛山洞) 여유리(汝踰里)에 있는 조부모 산소 국내(局內)의 백호(白虎) 어깨 위에 양근 남중면 황금리(黃今里)에 사는 양반 이기보(李基甫)라는 사람이 몰래 거기에다 입장(入葬)했다 하니, 매우 통탄스럽고 놀랍다.

하재일기 6 기해년(1899) 8월 15일 경인. 맑음.

우산동 산소 묘지기 염기중(廉基仲)이 그 아들이 무죄인데도 붙잡힌 소치로 분노와 원한을 견디지 못해 앞 시내에 빠져 죽었다. 이 때문에 제수를 변통하여 준비할 수 없었으므로 가묘(家廟)에서 차례를 지냈다. 조부모 주산(主山) 백호(白虎) 위에 황금리(黃今里) 이반(李班)이 투장하였기에 두 아이에게 가서 그 형편을 살펴보도록 했다. 이반을 만나 보고서 일찍 파 가도록 언급했더니, 당연히 옮겨 갈 듯이 하다가 끝내 변통하기 어렵다고 했다. 내가 동생 연식과 함께 정치삼(鄭治三)을 데리고 광릉(廣陵) 북문 밖 법화동에 가서 친산을 살펴보고 차례를 마친 다음 첩경을 따라 법화암(法華菴)으로 올라가니, 돌 비탈길이 험준하여 촉도(蜀道-중국 사천성〈四川省〉으로 통하는 극히 험준한 길)로 가는 것 같았다. 간신히 다 올라갔다가 벽수동(碧水洞)을 따라 내려왔다. 엄현(奄峴)에 이르니 해가 벌써 저녁나절이 되었다. 울퉁불퉁한 길을 걸어 집에 도착하니 해가 서산으로 떨어졌다. 발이 부르트고 다리가 아파 뭐라 형언할 수 없이 몹시 고단하였다. 잠시 운루를 방문하였다.

하재일기 6 기해년(1899) 8월 27일 임인. 맑음.

홍덕주(洪德周)가 금계랍 3푼쭝을 가져갔다. 먼저 가져간 돈 5냥은 오고 1냥은 남아 있다. 선고(先考)의 생신에 차례를 지내고, 이른 아침에 제사를 지냈다. 운루와 밤에 이야기를 나누었다.

하재일기 6 기해년(1899) 9월 9일 갑인. 맑음.

조사(朝仕-벼슬아치가 아침마다 으뜸 벼슬아치를 뵈는 일)를 마친 뒤 고시(告示)한 답인(踏印)을 내왔다. 내가 광주 퇴촌면 우산동 선영의 금장(禁葬)에 관한 일로 정소(呈訴)했더니, 양근군에 이문(移文-같은 등급의 관아 사이에 주고받던 공문서)을 보내고 남시면 황금리(黃金里)에 사는 양반 이기보(李基甫)를 잡아 오도록 순교를 발송하였다. 나도 발행하여 저녁에 집으로 돌아왔다. 백미 2말을 100냥에 사들였다고 하였다. 이원유(李元裕)가 결초(結草) 2장(張)의 선복전(先卜錢) 2원과, 우리 집의 결전(結錢) 11냥 2전 5푼을 광주 도봉소(都捧所)에 모두 먼저 지급하였다. 밤에 운루를 방문하였다.

하재일기 6 기해년(1899) 9월 13일 무오. 맑음.

땔나무가 6냥 4전이다. 아침 국값이 1냥 2전 5푼이다. 보리를 심었다. 어젯밤 꿈속에 황자(皇子)를 만나 손을 끌고 함께 대궐로 들어가 천계(天陛) 앞에 이르러 성상을 배알하였다. 조금 있다가 나오니, 무감 1인이 정전(情錢-지방 관원이 서울에 있는 중앙 관아의 서리에게 아쉬운 청을 하고 정례(情禮)로 주던 돈. 정채(情債)) 4냥을 요구하였다. 성상이 "일찍이 전례가 있었다."라고 하교하였다. 내가 주머니

속을 뒤져 4냥을 내주었다. 인아가 남성에서 돌아와 말하기를, "양근 관(官)이 이기보를 압송하여 가두려고 하지 않고 도리어 내보내자, 양근 백성들이 광주에 정소(呈訴)했으니 매우 통탄스럽습니다."라고 하였다. 이 어찌 송관(訟官-송사를 맡아 다스리던 벼슬아치)의 말이 겠는가? 무릇 산송은 반드시 산재관(山在官)의 송변(訟卞)에 달려 있 는데, 본 고을 원님[本倅]이 이처럼 트집을 잡으니 그 정체(政體)를 헤아리기 어렵다.

하재일기 6 기해년(1899) 9월 17일 임술. 맑음.

조원리 김 선달이 아침밥을 먹은 뒤 발행하여 북강(北江)으로 향 한다고 했다. 내가 우산동의 산송 일로 황금리 이반(李班)에게 편지 를 써서 가례(家隸)를 특별히 보냈다. 그 편지 내용은 다음과 같다.

사람의 불행은 산송보다 더 심한 것이 없습니다. 제가 본래 당신 쪽에 은혜도 원한도 없는데 당신 쪽에서 함부로 양가의 불행을 만 드는 것은 이 무슨 이유입니까? 선조를 위하여 선산을 구하는 도 리는 반드시 안온한 땅을 택해서 다른 폐단이 없는 뒤에 입장(入 葬)해야 땅속에 묻히는 송장도 편안하고 고요하며, 땅속에 묻히는 송장이 편안하고 고요해야 음복을 바랄 수 있습니다.

또 효자의 마음에 선산을 구할 때 어찌 일찍이 자기의 공명과 부귀를 구하겠습니까? 반드시 부모의 송장이 편안하고 고요하여 무사하게만 된다면 효자의 마음에 거의 유감이 없을 것입니다. 그 혹 명당 대지가 금법(禁法)에 구애되어 서로 다투며 송사를 일으켜 시끄러워지는 지경에 이른다면, 비록 썩은 뼈라 할지라도 그 영혼은 반드시 불안할 것이니, 음복이 어디에서 생겨나겠습니까? 또만약 송장이 불안한데도 음복만을 구하는 것은 이는 효심이 아니고 반드시 패역(悖逆)입니다.

아! 상천(上天)이 비록 듣지도 알지도 못할 것 같지만, 선에는 복을 주고 악에는 화를 주는 보응(報應)은 분명합니다. 어찌 패역의 도리에 복을 내리겠습니까? 가령 어떤 사람이 무난히 당신 쪽 국내에 입장했다고 한다면 과연 태연히 그대로 둔 채 좋은 안색으로 서로 지나치겠습니까? 자기가 하고자 하지 않는 것은 남에게 베풀지 말라는 말을 어찌 그다지 생각하지 않습니까?

저는 본래 한미한 족속인지라 뿌리와 가지가 외롭고 약하여 비록 꺼릴 것이 없지만, 하늘을 떠받치고 땅 위에 우뚝 서 있는 또한 한 남아입니다. 몸은 비록 미천하지만 그 마음은 당당하여 진실로 의리가 아니면 비록 천둥과 번개 같은 격렬한 위엄이 있더라도 눌리지 않습니다. 더구나 강함을 믿고 약한 사람을 능멸하며, 부유함에 의지하여 가난한 사람을 억압하는 사람에 있어서이겠습니까?

대저 송사라는 것은 나라의 큰 법전입니다. 지금 대송(對訟-송사에 응함. 원고가 일으킨 소송에 대하여 피고가 됨)하는 자리에 완악하게 죄를 짓고도 잡히지 않는 것은 벼슬도 없고 법도 없는 것입니다. 벼슬도 없고 법도 없으면 밖을 교화할 사람이 아니니 어떻게 하겠습니까? 그 마음을 먹은 행사는 하나를 미루어 보면 백가지를 알 수 있습니다. 이와 같은데도 그치지 않는다면, 무엇 때문에 촌척(寸尺)을 얻어 사업하고자 하겠습니까? 아니 다 빼앗지 않고서는 만족하지 않을 것이니, 어떻게 자기의 욕구를 채우겠습니까? 하늘에는 예측할 수 없는 바람과 비가 있고, 사람에게는 조석으로 화복이 있습니다. 지금까지 내려온 것을 보면 만가지 일은 억지로 행할 수 없습니다. 청컨대, 곰곰이 잘 생각해 주십시오.

당신 쪽에서 만약 효심이 있다면 마땅히 기일을 정해 다시 파서 무사한 땅에 이장하여 부모의 송장을 편안하고 고요하게 한 뒤에 음복을 바랄 수 있고 자손을 기약할 수 있을 것입니다. 만약 고집을 피워 갈팡질팡하며 깨닫지 못한다면, 반드시 가혹한 화를 당할 것이고 썩은 해골은 어디로 떨어졌는지 모르며, 생산과 작업은 이때부터 모조리 없어질 것입니다. 일이 이런 지경에 이른다면 후회할 수도 없고 후회해도 어떻게 미치겠습니까? 저가 이처럼 거듭 상신(上申)할 필요가 없습니다. 화살이 시위[弦] 위에 있으면 쏘지 않을 수 없습니다. 만약 한 번 쏘면 그 부딪히는 물건은 반드시 완전하지 못할 것입니다. 지금 활시위를 당기려 하니 또한 짐작되는 도가 없지 않을 것입니다. 그러므로 이에 먼저 아뢰니, 깨달아 미련 없이 개도(改圖)하여 빨리 회시해 주시기를 희망합니다.

가례가 날이 저물어서 돌아와 말하기를, "이른바 이반이 편지를 땅에 던지며 수없이 꾸짖으며 욕을 하고 도리어 거침없이 패설을 했습니다."라고 하였다. 매우 통악스럽다.

하재일기 6 기해년(1899) 10월 28일 임인. 맑음.
아이 영의가 양근에서 돌아왔다. 또 정소(呈訴)하였더니, 제음에

"양쪽이 비록 이 읍에 있지만, 산재관(山在官)이 본래 있으니 산재관에게 가서 정소하시오."라고 하였다. 이반(李班)을 원회(元會)에서 본옥(本獄)에 잡아 가둠으로 인하여, 광주에서 압송해 오라는 이문(移文)을 기다려 압송하라고 하교하였다.

하재일기 6 기해년(1899) 11월 3일 정미. 맑음.
광주 순교가 양근에 가서 이반(李班)을 압송하여 우산동으로 바로 가서 도형(圖形)하겠다고 약속했다. 그래서 아이 영의를 우산으로 특별히 보내고 노자 5냥을 지급하였다.

하재일기 6 기해년(1899) 11월 5일 기유. 맑음.
황금리 이 진사가 내년 봄에 이장하겠다고 간절히 빌었으므로 특별히 허락해 주고 수표를 받았다. 아침밥을 먹은 뒤 내가 빌린 50냥을 부비(浮費)로 만들고자 했다. 그래서 또한 순교와 순졸에게 요강 2개를 얻어 주었으며, 순졸에게는 행하(行下) 5냥을 특별히 주고 아이 영의를 함께 남성으로 보냈다.

하재일기 6 기해년(1899) 11월 7일 신해. 맑음.
아이 영의가 광주에서 돌아왔다. 산송에 관한 일로 도형 안에 제음(題音)을 받아 왔다.

하재일기 6 기해년(1899) 11월 10일 갑인. 맑음.
석실에서 강(姜) 진사 심재(心齋)가 와서 반갑게 악수를 나눈 다음 말하기를, "민 대교(閔待敎)가 산송에 관한 일로 본 고을 원님에게 말한 일이 있다고 청전(請錢-어떤 일을 부탁할 때 뇌물로 주는 돈)을 요구합니다."라고 하였다. 일이 너무 무리였지만 이미 입을 열었으니, 또한 모른 척 할 수가 없었다. 그래서 돈 100냥을 약채(藥債)로 부쳐 보내고 편지를 써서 사례하였다. 강심재(姜心齋)에게 노자 10냥을 지급하였다.

하재일기 6 기해년(1899) 10월 5일 기묘. 맑음.
깊은 밤에 증조할아버지 제사를 지냈다. 고조할아버지·할머니와 증조할아버지·할머니의 제주(題主)를 고쳐 불초의 이름으로 봉사한다고 썼다. 밭을 간 품삯 12냥을 금사동 임(林)씨가 가져갔다.

하재일기 6 기해년(1899) 10월 27일 신축. 맑음.
박소성(朴小成)이 서울에서 왔는데, 김익준의 편지를 보니, 딸아이 혼사가 궁합이 맞지 않은 이유로 다른 곳으로 정했다고 했다.

하재일기 6 기해년(1899) 11월 21일 기축. 비가 오다 눈이 오다 번갈아 함.
홍옥포(洪玉圃)의 62세 생신이다. 나와 같은 회사 사람들을 초청하여 함께 술과 국수를 먹었다.

하재일기 6 경자년(1900) 1월 2일 을사. 맑음.
밤에 이웃에 사는 소년들을 불러 사죽(絲竹-현악기와 관악기)을 가지고 즐겁게 놀았다. 오늘 밤은 바로 세상을 떠난 난경(蘭卿)의 기일이다. 준여(餕餘-제사를 지내고 제상에서 물린 음식)를 갖추어 와서 노소가 함께 먹었다.

하재일기 6 경자년(1900) 1월 5일 무신. 맑고 추움.

오늘은 미정(未正) 입춘이다. 그래서 춘첩자(春帖字)를 썼다. 식구들의 감기가 낫지 않아 매우 걱정스럽다. 음죽인(陰竹人)이 방문하여, "본읍이 고청신사(高請神祀)를 지낼 때 축문을 잃어버려 분원의 신사 축문을 빌리고자 특별히 왔습니다."라고 말하였다. 그래서 축문 절차를 보여 주니, 그 사람이 베껴 써 갔다. 신사의 예(例)를 묻기에 대답하기를 "옛날 관공(關公)·장비(張飛)·황충(黃忠) 4장군과 우리나라 최영(崔瑩)·신립(申砬)·임경업(林慶業)·홍계(洪季) 4장군 총 8장군을 봉사하는데, 제사를 지내는 절차는 분원과 차이가 없습니다."라고 하였다.

하재일기 6 경자년(1900) 3월 7일 기유. 조금 비가 옴.

바로 한식이다. 서울의 사원들이 성묘할 일로 각각 성 밖으로 나가 일을 볼 수가 없었다.

하재일기 6 경자년(1900) 3월 18일 경신. 맑음.

신위를 모시고 교단으로 나가 한 바퀴 돈 다음 사각(射閣)에 봉안한 다음 푸닥거리를 하였다. 사시(巳時) 쯤에 둘째 며느리가 불행하게도 세상을 떠났다. 그런데 집사람이 내가 마음 아파할까 염려하여 숨기고서 알리지 않았다. 저녁이 된 뒤 신을 보내고 축문과 폐를 태우는 등 여러 가지 일을 다 마치고 집으로 돌아오니 며느리가 이미 염습(斂襲)을 갖추었으니 비참함을 견딜 수가 없었다. 어떻게 하면 좋단 말인가? 밤새 잠을 자지 못했다.

하재일기 6 경자년(1900) 3월 19일 신유. 조금 비가 옴.
목수를 불러 관을 다듬어 해가 저물어서야 일을 마쳤다. 저녁이 된 뒤 입관하였다.

하재일기 6 경자년(1900) 3월 20일 임술. 비.
장례를 치르려고 하다가 비 때문에 하지 못했다.

하재일기 6 경자년(1900) 3월 21일 계해. 비.
며느리를 서산(西山) 백숙부 묘 아래에 장례를 치렀다. 관을 다듬은 수공값 25냥을 지급하였다.

하재일기 6 경자년(1900) 5월 22일 임술. 맑음.
밤에 서손녀(庶孫女)의 참변을 만났으니 매우 한탄스럽다.

하재일기 6 경자년(1900) 5월 23일 계해. 아침에 흐리다가 늦게 갬.
이른 아침에 가례(家隸)로 하여금 손녀를 내다 묻도록 했다.

하재일기 6 경자년(1900) 8월 9일 무인. 비.
날이 채 밝기도 전에 문을 두드리며 집의 하인이 불렀다. 그래서 놀라 일어나 집에 도착하니 온 식구들이 일제히 모여 있었다. 안방에 들어가 병든 아이를 보니, 숨이 가물가물하여 나를 보고도 말을 하지 못하더니, 날이 밝자 숨이 끊어졌다. 비참하고 가련한 심정을 어찌 견딜 수 있겠는가? 나이 한창 9세에 천성이 총명하고 민첩하며, 효성스럽고 순종하며, 배우기를 좋아하고 재주가 많아 온 동네 사람들이 칭찬하였다. 하늘이 어떻게 태어나게 했는지 수명이 어찌 이렇게도 짧단 말인가? 매우 애석하고 불쌍하다. 오래 머물러 둘 필요가 없어서 즉시 관을 갖추고 염을 한 다음 서산에 장례를 치렀다. 밤새 슬픈 생각에 젖어 잠을 붙일 수 없었다.

하재일기 6 경자년(1900) 8월 15일 갑신. 맑음.
우산과 법화동 산소에 아이들을 나누어 보내 차례를 지냈다. 아이를 애도하는 시〈悼兒詩〉다섯 수의 절구를 추기(追記)하였다.

수운막막우비비(愁雲漠漠雨霏霏)	근심 어린 구름 막막하고 부슬부슬 비가 내리는데
아환야낭수만의(兒喚爺娘手挽衣)	아이가 아버지·어머니를 부르며 손으로 옷을 당기네.
불능성어환오열(不能成語還嗚咽)	말도 하지 못하다가 다시 오열하다
혈루산연엄홀귀(血淚潸然奄忽歸)	피눈물을 주르르 흘리며 문득 돌아가네.

래하지모거하망(來何遲暮去何忙)　오는 것은 어찌 더디더니 가는 것은 어찌 바쁜가?

구세은정일몽장(九歲恩情一夢場)　9년의 은정이 한바탕 꿈이로구나.

만실비상차불급(滿室悲傷嗟不及)　집 안 가득 슬픔으로도 미치지 못함을 탄식하니

황금난득반혼향(黃金難得返魂香)　황금으로도 반혼향(죽은 사람의 영혼을 불러들인다는 향료의 이름)을 얻기 어렵구나.

향일신초소학서(向日新抄小學書)　전날 새로 소학을 초록했더니

묵흔수적구향여(墨痕手跡舊香餘)　먹과 글씨에 예전 향기 남아 있네.

총장사우동봉거(摠將四友同封去)　문방사우를 동봉해 보내려니

하처청산시광거(何處靑山是廣居)　어느 청산이 광거(넓은 처소라는 뜻으로, 어진 마음을 뜻함)할 곳인가?

아모애애곡부전(阿母哀哀哭復顚)　엄마는 애달프게 울다가 엎어지고

임문한불공황천(臨門恨不共黃泉)　문에 임하여 황천으로 함께 가지 못함을 한탄하네.

뇌유요령상호송(賴有鶺鴒相護送)　할미새가 서로 호송해 줌을 힘

입어

소소풍우하서천(蕭蕭風雨下西天) 쓸쓸한 비바람에 서천으로 내
려가네.

충성처절월음음(蟲聲悽絕月陰陰) 벌레 소리 처절하고 달빛도 어
둑한데

적막공루야전량(寂寞空樓夜轉凉) 적막한 빈 누각에 밤은 더욱 서
늘하네.

고아강장유불내(顧我剛腸猶不耐) 나의 강한 마음으로도 견디지
못하는데

고등황부병처심(孤燈況復病妻心) 외로운 등잔 아래 병든 아내의
심정이랴.

추석을 맞은 감회(感懷)를 읊었다.

우갱송병▨초신(芋羹松餅▨初新) 토란국에 솔잎 떡을 새로 차려
당상은근위모친(堂上慇懃慰母親) 마루 위에서 은근히 모친을 위
로하네.

자매제형탄소일(姉妹弟兄歎少一) 자매와 형제가 한 사람 적다고
탄식하니

금년추석최상신(今年秋夕最傷神) 올해 추석은 가장 마음이 아프
네.

옥후참차노조지(屋後參差老棗枝)	집 뒤의 들쭉날쭉한 늙은 대추 나무 가지
금추결자배전시(今秋結子倍前時)	올 가을엔 열매가 전보다 배나 달렸네.
적목개개홍영국(摘木箇箇紅盈掬)	나무에서 따니 붉은 알알이 손에 가득하여
수욕증아아부지(雖欲贈兒兒不知)	비록 아이에게 주고 싶지만 아이는 알지 못하네.

오늘은 더욱 회포를 풀기가 어려워 서산의 백숙(伯叔)과 부모님 묘소 앞에 올라 배알한 다음 수구의 무덤을 살펴보았으니, 바로 영의 처의 분묘 아래였다. 주위를 한 바퀴 둘러본 다음 오래 머물러 있을 필요가 없어 바로 돌아왔다. 영례가 서울에서 집으로 돌아왔다. 회사 고사를 지낸 비용이 1냥 5전이다. 밤에 잠을 자지 못했다.

하재일기 7 경자년(1900) 9월 17일 을유. 맑음.

아침을 먹은 뒤 해관(海關)으로 가서 황 주사를 만나 안부 인사를 나누었는데, 본사에서 나를 기다린다고 하였다. 김희묵 참봉 편지와 가아(家兒) 편지가 아울러 도착했다. "가내가 무고하고, 둘째 아이 혼사는 처음에 이달 12일 납폐(納幣), 25일 전안(奠雁)으로 택일하였으나 내가 객지에 있기 때문에 뒤로 물리어 10월 5일 납폐, 30일 전안으로 고쳐 택일했다."고 하였다. 오늘은 곧 대황제(大皇帝) 폐하께서 황제에 즉위하신 보위 4회 경절(慶節)이다. 조정과 민간이 함께 기뻐하였다.

하재일기 7 경자년(1900) 9월 27일 을미. 맑음.

새벽에 안정기와 인아를 데리고 출발하여 해천(蟹川)에 이르러 아침을 먹었다. 창우(倉隅)에 이르니 무릎과 다리가 시고 아파서 걸음을 걸을 수 없어서 돌아가는 배를 빌려 타고 두릉(斗陵)에 이르렀다. 간신히 우천에 이르러 나루를 건너 원중(院中)으로 들어가니 집 안이 무고하였다. 매우 다행스럽다. 저녁을 먹은 뒤 여러 친구들을 만나 회포를 풀고, 운루(雲樓-벽운루의 약칭으로, 분원 근처의 술집 이름으로 추정)에 들러 회포를 이야기하였다.

하재일기 7 경자년(1900) 10월 6일 갑진. 맑음.

영의(榮義) 혼례의 납폐 날이다. 인아에게 당정리 이 선달 집으로 거느리고 가게 하였다. 저녁이 되어 돌아왔는데 신부의 외조부 병세가 위중하다고 하였다.

하재일기 7 경자년(1900) 10월 15일 계축. 흐리고 저녁에 비.

당정리 이 선달 내간(內間)이 친상(親喪)을 당하여 혼례를 다음 달로 물려 정하자고 하였다. 이 일로 시일을 끌 수 없으므로 이달 19일 반드시 예식을 행할 것이다. 만일 불편한 일이 있으면 신부를 분원으로 데리고 와서 예식을 행하겠다고 안 상인 내간에게 편지하여, 이 선달 집에 전하여 알려 주게 하였다. 그리고 결정하여 회시(回示)하라고 영지(榮智)를 전인하여 보냈다. 그릇을 가마에서 꺼냈다. 영지가 해가 저물어서 돌아왔는데 "저쪽 집에서 12월에 예식을 행하자고 말했다."고 하였다. 밤이 깊은 뒤 대풍이 불었다.

하재일기 7 경자년(1900) 10월 16일 갑인. 맑고 바람 불고 추움.

당정리 이씨 집에 편지하여 반드시 19일에 혼례를 행하자고 영지를 다시 보냈다. 그런데 풍랑으로 인해 나룻배가 끊겨 건너갈 수 없어서 해가 저물어서 헛걸음하고 돌아왔다. 매우 한탄스럽다.

하재일기 7 경자년(1900) 10월 18일 병진. 맑고 바람 불고 추움.

화경이 돌아왔다. "내일 새벽에 교자(轎子)를 보내어 신부를 데리고 와서 예식을 행하기로 약속하고 돌아왔다."고 하였다. 오후에 화경에게 교군꾼을 거느리게 하여 전인하여 당정리로 보냈다. 이가 서울에서 내려왔다. 각종 흥정한 물건이 왔다. 영례(榮禮)가 돌아왔다.

하재일기 7 경자년(1900) 10월 19일 정사. 맑음.

신부 일행이 저녁이 되어 도착했다. 즉시 혼례를 행하고 사당에 고하였다.

하재일기 7 경자년(1900) 11월 3일 신미. 흐리고 눈.

수원 승도패(僧徒牌)가 원중에 들어와 유희를 하겠다고 하여 동중(洞中)에 신칙하여 집을 배정하여 그들에게 식사를 대접하게 하였다.

하재일기 7 경자년(1900) 11월 4일 임신. 맑음.

승도패 행하전(行下錢)은 동중에서 100냥을 행하하였다. 최양선(崔良善)에게서 우선 꾸어서 주고 동중에 분배하여 추렴하게 하였다.

하재일기 7 신축년(1901) 1월 19일 병술. 맑음.

여아 혼인날을 택일하였다. 납폐(納幣) 2월 6일, 전안(奠雁) 4월 2일, 우귀(于歸) 4월 6일이다. 택일을 기록하여 한시규에게 부쳤다.

하재일기 7 신축년(1901) 1월 22일 기축. 맑고 바람 불고 추움.

남한산성 석기환이 혼인 택일을 다시 가려 보냈다. 시규가 전인하여 왔는데 납폐 2월 5일, 전안 2월 29일, 우귀 2월 30일로 정하였다. 작년 동내 수렴(收斂) 일을 동회에서 독봉(督捧)하였다.

하재일기 7 신축년(1901) 8월 15일 무신. 아침에 안개 끼고 늦게 갬.

아이들을 우산동 산소로 보내고, 나는 인아와 남한산성 길을 떠났다. 점심때가 되어 법화동 묘지기 집에 이르렀다. 제수를 마련하여 산소에 올라가 제사를 지내고, 밥을 먹고 바로 성안으로 들어갔다. 여아 집에 이르니 석 첨지가 보고 반가워하며 악수하였다. 안으로 들어가 여식을 보니 무탈하였다. 매우 다행스럽다. 내가 길을 떠나려 하니 주인이 심히 만류하여 부득이 인아를 먼저 떠나보내고 나는 그대로 유숙하였다. 밤에 김소파(金少波)를 방문하여 잠시 이야기하고 돌아왔다. 사위 은균(殷均)이 주벽이 좋지 않아 집 안에 걱정을 끼치는 일이 많다 하니 매우 한탄스럽다. 어쩌겠는가.

하재일기 7 신축년(1901) 8월 27일 경신. 맑음.

조우루가 돌아갔다. 이른 아침에 선고 생신차례를 지냈다.

하재일기 7 신축년(1901) 12월 2일 갑오. 맑음.

변사련(卞士連)이 죽었다.

하재일기 7 신축년(1901) 12월 5일 정유. 맑음.

저녁을 먹은 뒤 변사련을 조문하고 돈 10냥을 부조하였다.

하재일기 7 신축년(1901) 12월 6일 무술. 맑음.

변사련을 뒷산 탑곡(塔谷)에 장사 지냈다.

하재일기 7 임인년(1902) 1월 1일 임술. 맑음.

가묘(家廟)에 차례를 지내고, 마친 뒤 내동(內洞)에 가서 관성제군
(關聖帝君)을 배알하고 추첨하여 14번째 하하괘(下下卦)를 얻었다.

하재일기 7 임인년(1902) 1월 2일 계해. 맑음.

귀천에 가서 김 판서 영연(靈筵)에 절하고 조금 있다 돌아왔다.

하재일기 7 임인년(1902) 1월 5일 병인. 맑음.

귀천 김 판서 댁 소상에 북어 2두름을 부조하였다.

하재일기 7 임인년(1902) 1월 12일 계유. 맑음.

남한산성 이가의 딸은 곧 김정식(金正植)의 아내인데, 정식이
죽은 뒤에 친가에 가서 과부로 살았다. 며칠 전 시어머니 제사 때
문에 이곳에 왔는데, 이웃에 사는 김경숙(金京叔)이란 자가 유인

하여 자기 집으로 데리고 가서 강제로 폭행하여 욕을 당하였다. 이 여인 친속이 이 소식을 듣고 광주 순교(巡校)를 거느리고 내려 왔다. 저녁을 먹은 뒤 몰래 교외로 나갔는데, 김경숙이 휘파람을 불어 무뢰배를 모아서 교외로 뒤쫓아 가 강제로 빼앗아 돌아왔다 고 하였다.

하재일기 7 임인년(1902) 1월 15일 병자. 맑음.
내종 조카사위 문 서방이 내방하여 아침을 함께 먹었다. 내종 형수 소상에 약주 1병을 부조하고, 저녁을 먹은 뒤 가서 조문하였다. 용인 조카사위 박흥갑(朴興甲)이 왔다.

하재일기 7 임인년(1902) 2월 28일 기미. 맑음.
산소에 올라가 차례를 지내고 북문에 오르니, 영의가 마침 와서 서로 만났다. 함께 성안으로 들어가 여아를 찾아보고, 석기환(石璣煥)을 두루 방문하였다. 작별하고 동문으로 나가 미라동 산소에 이르러 차례를 지내니 비가 내리기 시작하였다. 비를 무릅쓰고 출발하여 해가 저물어서 집으로 돌아왔다.

하재일기 7 임인년(1902) 3월 26일 병술. 흐리고 저녁에 갬.
그릇을 가마에 넣었다. 저녁에 금암에 나가 보(洑) 막은 것을 한 바퀴 둘러보고 돌아왔다. 뚝섬[纛島] 이의순(李義順) 형제가 고향을 떠난 지 10여 년 만에 많은 재물과 벼슬을 얻어 지금 영분(榮墳-새로 과거에 급제하거나 벼슬한 사람이 고향의 조상 묘에 찾아가 풍악을 울리며 그 영예를 아뢰던 일) 행차에 악대를 거느리고 도착하였다. 민상순에게 어음 700냥을 추심하려고 소성(小成)을 전인하여 보내고, 돈 500냥을 더 보내라고 편지하였다. 광교 김익선(金益善)에게 탕건을 사서 보내라고 편지하였다. 안 의관과 김 수문장에게 기명 수가 11조를 제감(除減)하는 일로 편지하고, 지석 1편과 사기숟가락 2죽 5개를 익선에게 보냈다.

하재일기 7 임인년(1902) 4월 7일 정유. 맑음.
묘시(卯時)에 영의(榮義) 처가 죽었다. 가문의 운수가 어찌 이 지경에 이르렀는가? 매우 한탄스럽다. 오래 머물러 둘 수 없어 즉시 염(殮)하고 입관(入棺)하여 오후 2시[未正]에 서산(西山) 영의 초취 처 안씨 무덤 아래에 장사 지냈다.

하재일기 7 임인년(1902) 4월 15일 을사. 흐림.
고랑리 외숙모가 강 언덕에 임하여 나뭇잎을 따다가 실족하여 떨어져 죽었다고 부고가 왔다. 대단히 경악스럽다. 백지와 황촉 부의를 온 사람에게 부송하고 위장(慰狀-상사(喪事)를 위로하고 문안하는 편지)을 썼다. 이문유(李文裕)가 죽었다.

하재일기 7 임인년(1902) 4월 18일 무신. 가랑비.
변주헌 자당 수연에 북어 1두름을 부조하였다. 오후에 영지가 서울에서 내려왔다. 술관(術官-음양·복서(卜筮)·점술에 정통한 사람) 김완수(金完秀)가 작반(作伴)하여 와서 밤에 앉아서 이야기하였다.

자시(子時)쯤 되어 안에서 울부짖는 소리가 들려서 급히 들어가 보니, 예아(禮兒)가 막 운명하였다. 하늘은 어찌하여 그를 내고 또 어찌하여 요절하게 하는가? 금년 나이 24세요, 아직 혈속이 없으니 매우 애석하고 슬프며 대단히 한탄스럽다.

하재일기 7 임인년(1902) 4월 19일 기유. 맑음.
목수를 불러 관을 짜고 염습(殮襲)하여, 오후에 입관하고 성복(成服)하였다.

하재일기 7 임인년(1902) 4월 20일 경술. 맑음.
이른 아침에 발인하여 서산(西山)에 장사 지냈다.

하재일기 7 임인년(1902) 8월 15일 임인. 새벽에 비가 내리다 오후 늦게 갬.
영의를 데리고 선산에 가서 성묘하고 제사를 지낸 뒤 산을 내려오니, 해는 이미 서쪽으로 기울었다. 즉시 출발하여 집에 이르니, 밤이 이미 이경 남짓 되었다.

하재일기 8 계묘년(1903) 11월 20일 경자. 가랑눈.
신시 경에 연식 여식이 홍역으로 마침내 참혹한 일을 당하였다. 통탄한들 어찌하겠는가? 즉시 하인들에게 명하여 서교(西郊)에 내다 묻으라고 하였다.

하재일기 8 계묘년(1903) 9월 2일 임오. 약간 맑음.

신기(身氣)가 불편하고 사지가 몹시 아파서 오늘 저녁 생가 할아버지 제사에 참석하지 못하였다.

하재일기 8 계묘년(1903) 7월 20일 임인. 맑음.

아침을 먹은 뒤 조 석사가 와서 산모를 진찰하고 침을 놓았다. 또 약 2첩을 복용하였다. 사시(巳時, 09:00~11:00)쯤 되어 한 여아를 먼저 낳았는데, 산모의 배 크기가 평상과 같아서 비로소 쌍태임을 알았다. 오후에 또 아기의 다리 하나가 나왔는데 산모의 호흡이 힘이 없어 곧 끊어지려 하여 연달아 약물과 음식을 먹였다. 술시(戌時, 19:00~21:00)쯤 되어 비로소 아이를 낳았으나, 마침내 보존하지 못하고 태의(胎衣)도 쏟았다. 놀라고 당황하여 어쩔 줄 모르는 중에도 도리어 상쾌함을 느꼈다.

하재일기 8 임인년(1902) 12월 30일 병진. 맑음.

그릇 값 거둬들이는 것이 전혀 들어오지 않으니 매우 한탄스럽다. 깊은 밤에 외롭게 시를 지어 읊었다.

풍치전체세년망(風馳電掣歲年忙)	바람과 번개 치듯 세월이 바삐 가니
백발어언사개장(白髮於焉似箇長)	백발이 어느덧 희뜩희뜩해졌네.
구갈하능의양착(裘葛何能依樣着)	갖옷과 갈포(葛布)를 어찌 모양 갖춰 입으랴

191

려소환복진시상(糲蔬還復趁時嘗)　현미밥과 나물을 때맞춰 맛보네.

미단급화종난멸(眉端急火終難滅)　눈썹 끝에 급한 불을 끝내 끄기
　　　　　　　　　　　　　　　어렵고

지상공문미견상(紙上空文未見償)　종이 위에 헛된 글은 남이 알아
　　　　　　　　　　　　　　　주지 않네.

아불부인인부아(我不負人人負我)　내가 남을 저버림이 아니요 남
　　　　　　　　　　　　　　　이 나를 저버리니

노천시물역심상(老天視物亦尋常)　석양에 물건 빛이 모두 쓸쓸
　　　　　　　　　　　　　　　하네.

거연오십유삼추(居然五十有三秋)　어느덧 오십삼 세(五十三歲)가
　　　　　　　　　　　　　　　되었으니

과경비환축서류(過境悲歡逐逝流)　지난날 슬픔과 기쁨이 물같이
　　　　　　　　　　　　　　　흘러갔네.

거세호교아배락(擧世好敎兒輩樂)　온 세상이 아이들 즐거움만 좋
　　　　　　　　　　　　　　　아하니

수가능불노인우(誰家能不老人憂)　누구 집 노인이 근심하지 않
　　　　　　　　　　　　　　　으랴.

도소예비신년하(屠蘇豫備新年賀)　도소주(屠蘇酒)로 신년의 축하
　　　　　　　　　　　　　　　를 예비하고

정두선모차석유(釘餖先謀此夕遊)　늘어놓은 음식은 오늘저녁 놀
　　　　　　　　　　　　　　　이를 마련했네.

즉도계명종단후(卽到鷄鳴鍾斷後)　닭 울고 종소리 끊어진 후엔

사연일각경난구(斯筵一刻更難求)   이 자리 한 시각을 다시 얻기
　　　　　　　　　　　　　　　　　어려우리.

하재일기 8 을사년(1905) 1월 1일 갑술. 맑음.

가묘(家廟)에 차례를 지낸 뒤 내곡(內谷)에 가서 관성제군(關聖帝
君)을 배알하고 추첨하여 심지 82를 뽑으니, 상길(上吉)이다. 제목에
〈송인종인관(宋仁宗認冊)〉이라 하였다. 시는 다음과 같다.

피역인중일배현(彼亦人中一輩賢)   저 또한 사람 중에 한 어진이
권군특달여주선(勸君特達與周旋)   그대에게 권하노니 현달하여
　　　　　　　　　　　　　　　　　일을 함께 주선하라.
차시빈주상환회(此時賓主相歡會)   지금 손과 주인이 서로 기쁘게
　　　　　　　　　　　　　　　　　만났으니
타일왕후각병견(他日王侯却竝肩)   후일에 왕후가 마땅히 어깨를
　　　　　　　　　　　　　　　　　나란히 하리.

돌아오는 길에 노인 어른들을 두루 방문하였다. 오늘이 입춘이므
로 율시(律詩) 1수를 지어 읊었다.

하재일기 8 을사년(1905) 1월 9일 임오. 맑음.

남한산성 김교훈(金敎勳)이 김 정승 병국(炳國) 씨 지석 번조(燔造)
하는 일로 전인하여 왔는데, 값 24원을 먼저 받았다. 또 석겸환(石謙
煥)이 부탁하는 편지를 보내서 즉시 답서를 써서 보냈다. 저녁 무렵

일진회(一進會) 회원이 원 아래에 와서 잡세를 혁파하는 광고문과 본회 포고문을 윤시(輪示)하였다. 밤이 깊은 뒤 함동희(咸東羲) 셋째 아들 호근(浩根)이가 갑자기 죽었다. 대단히 깜짝 놀랐다. 이씨 후처가 독약을 마시고 죽었다고 하니 매우 괴이하다.

하재일기 8 을사년(1905) 1월 12일 을유. 맑음.
영지가 조운리에서 돌아왔다. 이씨 후처가 죽은 일로 그 친족들이 무수동(無愁洞)으로 몰려와서 대단히 난리를 치고 만들어 놓은 관(棺)을 부수며 시신을 염(殮)하지 못하게 하여, 이웃과 마을 사람들이 좋은 말로 위로하고 타일러서 속히 장사 지내게 하였다.

하재일기 8 을사년(1905) 1월 15일 무자. 맑음.
8리에 사는 이윤경(李允京) 자부가 독약을 마시고 죽은 일은 시부모의 학대와 구타에 연유하였다. 여자 집 친정 일가들이 장차 옥사(獄事)를 일으키려고 하였으므로 여러 가지로 이해시키고 설득하여 어제 내다 장사를 지내고 좋게 타협하였다. 그러나 이윤경의 죄는 그대로 덮어 둘 수 없다. 그러므로 장차 집을 헐고 방외로 축출시키려고 하였는데, 이윤경이 스스로 자신의 죄악을 알고 지난밤에 가족을 거느리고 도주하여 간 곳을 모른다. 그러므로 내버려 두고 논하지 않기로 하였다. 태의원(太醫院) 하인이 사기 주발 일로 전인하여 왔다.

하재일기 8 갑진년(1904) 11월 27일 신축. 맑음.
남한산성 선영설(宣永卨)이 혼행(婚行) 와서 대례를 순조롭게 이

루었다. 신랑 셋째 형 영직(永稷)이 후행(後行)으로 왔다가 저녁 무렵에 하인들을 거느리고 돌아갔다.

하재일기 8 갑진년(1904) 11월 30일 갑진. 맑음.
이 의관 여식이 혼례를 치르고 우귀(于歸) 길을 떠났다. 해시(亥時)경에 혼행 집물(什物)을 지고 갔던 짐꾼이 돌아왔다.

하재일기 8 갑진년(1904) 10월 5일 기유. 맑음.
영의(榮義) 혼인날을 택일하여 정했다. 납폐(納幣)는 이달 10일, 전안(奠雁)은 이달 21일이다. 밤이 깊은 뒤 증조비(曾祖妣) 제사를 지냈다.

하재일기 8 갑진년(1904) 10월 6일 경술. 약간 흐림.
영의 혼인 택일을 써서 염(廉)씨 집으로 보냈다.

하재일기 8 갑진년(1904) 10월 7일 신해. 비.
의아(義兒) 혼례의 납폐 물품을 아직 변통하지 못하였다. 이취홍(李取弘)을 찾아가서 서울 친분 있는 곳에 채단(綵緞) 몇 가지를 부탁해 얻도록 편지 1통을 써 달라고 청하니 수락하였다. 값은 얼마가 되었든 간에 며칠 전 우상옥(禹相玉)에게 그릇 2천여 냥 어치를 내주어 서울에서 팔게 하였으니, 이 돈이 들어오는 대로 마련해 갚기로 약속하였다.

하재일기 8 갑진년(1904) 10월 8일 임자. 약간 맑음.

영의가 혼수를 사 오려고 서울에 갔다. 본군에서 "관찰부 훈령에 따라 뽕나무 400주를 분원에 나누어 보냈다. 농토가 있는 사람에게 나눠 주어 심게 하고, 무럭무럭 자라기를 기다려 3년 뒤에 매 주에 엽전 1전 5푼씩을 수납한다."고 전령이 왔다. 각 호에 분배하니 우리 집에 올 것은 11주이다.

하재일기 8 갑진년(1904) 10월 9일 계축. 맑음.

집 뒤 채마전에 뽕나무 11주를 심었다. 영의가 서울에서 혼수를 사 가지고 왔다.

하재일기 8 갑진년(1904) 10월 10일 갑인. 맑고 바람 불고 추움.

납폐를 신부집으로 보냈다.

하재일기 8 갑진년(1904) 10월 21일 을축. 맑고 화창함.

영의 혼례가 순조롭게 이루어졌다.

하재일기 8 갑진년(1904) 4월 5일 계축. 맑음.

남한산성에서 하인이 전인하여 왔다. 들으니 "어젯밤 술시(戌時)에 여아가 죽었다."고 한다. 원통하고 한탄스러움을 어찌 감당할 수 있겠는가? 대단히 애석하고 원통하고 후회스럽다. 영의를 전인하여 보내서 장례 일을 간호(看護)하게 하였다.

하재일기 8 갑진년(1904) 4월 4일 임자. 맑음.

남한산성 석기환 집 하인이 전인하여 왔다. 편지를 보니 "여아 병세가 어제 오후부터 더욱 심해져서 대단히 위급하다. 오리피[鴨血]가 병에 좋은 약제라고 한다."고 하였다. 그러므로 이웃에 널리 알아보니 정원회(鄭元會) 집에 기르는 오리가 있다고 하였다. 그래서 아이들을 시켜 가서 긴급히 약용(藥用)으로 쓰려고 한다고 간청하게 하였으나 정이 허락하지 않으니 매우 원망스럽다. 어쩌겠는가? 들으니 우천에 기르는 사람이 있다고 하므로 영의를 시켜 사서 곧바로 보내라고 믿고 부탁하였다.

하재일기 8 갑진년(1904) 4월 6일 갑인. 맑음.

영지가 뚝섬[纛島]에서 돌아왔다. 영의가 남한산성에서 돌아왔다. "여아 장례는 8일로 결정했다."고 하였다.

하재일기 8 갑진년(1904) 4월 8일 병진. 맑음.

여아 장례는 순조롭게 치렀다고 하였다.

하재일기 8 갑진년(1904) 4월 9일 정사. 맑음.

뒷집 지붕 이는 일을 시작하였다. 미음(渼陰) 김 선달은 연식(演植)이의 빙장(聘丈)이다. 어제 신시(申時)에 별세하여 부고가 왔다. 몹시 놀라고 슬프다. 계수씨가 몹시 애통해 하였다. 즉시 상복 옷감과 백지와 양초를 갖추어 길을 떠났다. 저녁에 흐리고 밤에 비가 내렸다.

하재일기 8 갑진년(1904) 4월 17일 을축. 비 점심때 잠깐 갬.

오늘은 바로 셋째 아들 영례(榮禮)의 대상이다. 슬픈 회포가 처음 당했을 때와 같다. 밤이 깊은 뒤에 취침하였다.

하재일기 8 갑진년(1904) 1월 17일 병신. 흐림.

안정기(安鼎基) 선달이 서울에서 편지를 보냈다. "장시를 도로 우천으로 내보내라고 말하고, 또 그 여혼(女婚)을 이미 남한산성에 정하였으나 지금 갑자기 서울에서 정혼할 곳이 생겼다고 하고, 선의 집에 파혼하겠다는 뜻을 기별하여 주라."고 말하였다. 그러므로 어제 안의 편지 내용을 전인하여 선가에게 알렸더니 한시규가 전인하여 왔다. 선영순(宣永淳) 편지를 보니 크게 불안해 하는 생각을 가지고 있었다. 그러나 일이 이미 위와 같이 되었으니 어찌하겠는가? 다시 다른 규수를 구하라고 답서를 써서 보냈다.

하재일기 8 갑진년(1904) 1월 29일 무신. 맑음.

명헌태후(明憲太后) 인산(因山-태상왕과 왕, 왕세자, 왕세손과 그들 비〈妃〉의 장례. 인봉〈因封〉. 여기에서는 헌종〈憲宗〉의 계비〈繼妃〉 효정왕후〈孝定王后〉, 곧 명현태후 홍씨의 장례를 의미한다) 제례를 지냈다. 온 백성이 구경하는 자가 매우 많았다고 하였다.

하재일기 9 을사년(1905) 5월 25일 정유. 비.

점심때쯤 지아가 갑자기 숨을 거두어 온 집안 노소가 둘러앉아 목 놓아 울었다. 그런데 1시쯤 되어 갑자기 깨어나더니 미시(未時)경에 또 혼절했다가 바로 깨어났다. 아이가 물 한 모금도 넘기지 못한 지가 이제 10일이 되었고, 또 3~4개월 동안 먹지 못하여 형해(形骸)가 실오 라기처럼 말랐으니 어찌 살 수 있겠는가? 매우 괴이하고 한탄스럽다.

하재일기 9 을사년(1905) 5월 27일 기해. 맑음.
목화밭의 김을 맸다. 밀을 베어 왔다. 오늘 밤 자정에 영지가 마침 내 죽었다. 어찌하겠는가, 어찌하겠는가? 아이들이 유용현(柳用玄) 과 수시(收屍)하고 이계선(李季先)에게 초혼(招魂)하게 하였다.

하재일기 9 을사년(1905) 5월 28일 경자. 비가 오고 저녁때 갬.
목수를 불러 관을 만들었다. 오후에 염습(殮襲)하여 신시(申時)에 입관(入棺)하였다. 저녁을 먹고 난 뒤 3리가 모두 모였다. 친지와 노 소들도 찾아와 함께 밤을 지냈다.

하재일기 9 을사년(1905) 5월 29일 신축. 맑음.
아침을 먹은 뒤 발인하여 서산(西山) 백부님 묘 계하에 장사 지냈다.

하재일기 9 을사년(1905) 7월 7일 무인. 맑음.
경 판관이 상경하였다. 김창한(金昌漢) 대부인이 별세하였다. 팥죽 1동이를 끓여서 보내고 저녁에 가서 위문하였다.

하재일기 9 을사년(1905) 7월 8일 기묘. 맑음.
안팎 변소의 인분을 퍼내어 햇볕에 말렸다. 김창한 집에 갔다가

199

저녁때 돌아왔다. 저녁을 먹은 뒤 다시 갔다가 밤이 깊은 뒤 돌아
왔다.

하재일기 9 을사년(1905) 7월 13일 갑신. 맑음.
김창한 집 장삿날이다. 발인하여 광주 동문 밖 미라동(尾羅洞)으로
갔다.

하재일기 9 을사년(1905) 7월 23일 갑오. 비와 햇볕이 번갈았다.
남사당패가 해가 저물어서 왔다. 저녁을 주게 하고 내일 아침에 내
어 보내라고 신칙하였다.

하재일기 9 을사년(1905) 8월 4일 갑진. 비.
운루에게 돈 340냥을 꾸어 왔다. 자정에 증조고 기제사를 지냈다.

하재일기 9 을사년(1905) 8월 23일 계해. 맑음.
〈대한매일신보(大韓每日申報)〉가 내려왔다. "미국대통령 공주 18
세인 영랑(슈娘)이 한국에 도착하였다. 서울 가까운 곳을 유람하는
데 오늘은 남한산성으로 나간다."고 하였다. "입성(入城)하던 날 미
국 국기를 만들어 들고 각 벼슬아치와 시민들이 일제히 거리로 나와
영접하였는데, 위의가 매우 성대했다."고 하였다.

하재일기 9 을사년(1905) 9월 28일 무술. 맑음.
순명비(純明妃) 기년 상기를 마치고 상복(喪服)을 벗고 나서 일반 관

리는 모두 머리를 짧게 깎았다. "의복은 짙은 푸른색과 짙은 검은색으로 만들어 입고 엷은 옥색 옷[淺淡服]은 일체 엄금한다."고 하였다.

하재일기 9 을사년(1905) 9월 29일 기해. 맑음.
미국 기독교 전도 부인 2명이 한국 부인 1명과 박봉래(朴鳳來) 집에 왔다. 우리들 몇 사람이 가서 보고 기독교에 들어갔다.

하재일기 9 을사년(1905) 10월 2일 신축. 비.
설교한 후 첫 주일(主日)이다. 모든 교인이 박봉래 집에 모여 예절을 거행하고, 밤에 또 모여 찬송 기도를 하였다.

하재일기 9 을사년(1905) 10월 5일 갑진. 맑음.
저녁을 먹은 뒤 교원(敎員)이 함께 박봉래 집에 모여 예배를 보았다.

하재일기 9 을사년(1905) 10월 9일 무신. 맑고 추움.
홍 감찰이 서울에서 답서하였다. "신문 값은 1개월 치가 구화(舊貨) 76전인데 보내 준 돈 60전 외에 부족한 돈 16전은 자신이 부담했다."고 하였다. 구 관사(官舍) 대청을 교회당(敎會堂)으로 수정(修定)하고, 오늘 처음으로 예배식을 거행하였다. 모든 교원이 회동하여 거행하고 파하였다.

하재일기 9 을사년(1905) 10월 10일 기유. 흐리고 저녁때 가랑비.
배추와 무를 뽑아 들였다. 정토종교회(淨土宗敎會)에서 통첩이 왔다. 입회(入會)를 권면하고, 또 "구 관사를 불당(佛堂)으로 만들겠다."
고 하였다. 그러므로 먼저 예수교회[耶蘇敎堂]를 설립하였다고 답장
하여 보내고, 후환을 생각하지 않을 수 없어서 궁내부 인허를 받아
오라고 박봉래를 불러서 약속하였다.

하재일기 9 을사년(1905) 10월 18일 정사. 맑음.
교회당 현판을 '구세교회(救世敎會)'라고 썼다.

하재일기 9 을사년(1905) 10월 13일 임자. 맑음.
서울 두 신우가 천덕윤(千德允)과 서로 더불어 교회당에 모여서 놀
았다. 변주헌 대인 장례 날이다. 가동(家僮)을 보내어 부역하게 하였
다. 함영섭(咸英燮)이 모친상을 당하여 저녁을 먹은 뒤 가서 조문하
였다.

하재일기 9 을사년(1905) 10월 20일 기미. 맑음.
함영섭이 저녁을 먹은 뒤 모친상을 발인하였다.

하재일기 9 을사년(1905) 11월 3일 임신. 맑음.
남한산성 이용식이 내방하여 두어 마디 이야기를 나누고 바로 돌
아갔다. 방금 서울 소식을 들으니 "이근택(李根澤)이 자신이 군부대
신(軍部大臣)으로서, 한국을 일본이 보호한다는 문서에 조인(調印)하
여 준 뒤 집으로 돌아가서 온 집안 권속들에게 큰소리로 '우리 집안
은 부귀가 지금부터 크게 시작될 것이니 장차 무궁한 복과 즐거움을

202

『하재일기(荷齋日記)』에 나타난 민속 연구

누릴 것이다' 하고는 서로 더불어 기뻐하고 축하하였다. 이때에 그 집 반빗아치[饌婢] 여인이 칼을 들고 도마 위에 고기를 썰다가 나라 팔아먹은 이야기를 창문 밖에서 들었다. 이 여인은 대단히 분통을 터트리고 칼로 고기 도마를 크게 치면서 큰소리로 질책하기를 '내가 이러한 역적인 줄 모르고서 이런 흉악한 놈에게 몸을 두었구나!' 하고 칼을 던지고 문밖으로 뛰쳐나갔다. 또 한 침모(針母)가 있었는데, 똑같이 소리를 지르며 크게 꾸짖고 마침내 밖으로 나갔다."고 하였다. 이는 여협(女俠) 중에 특이한 열녀이다. 남자인 자 어찌 부끄럽지 않겠는가? 저 두 여협은 가히 영원히 없어지지 않을 대한의 빛이라고 이를 만하다.

하재일기 9 을사년(1905) 11월 6일 을해. 맑음.

서울 소식을 들으니 "민영환(閔泳煥) 씨와 조병세(趙秉世) 씨가 함께 자결했다."고 한다. 들으니 경악을 금할 수 없다. 첫눈이 잠깐 날렸다. 민 공(閔公)은 이달 4일 묘시(卯時)에 자문(自刎)하였다.

하재일기 9 을사년(1905) 11월 12일 신사. 비.

여주 천양(天陽) 홍만식(洪晩植) 씨가 신조약(新條約) 소식을 듣고 독약을 마시고 자결하였다. 매우 경악스럽다.

하재일기 9 을사년(1905) 12월 4일 임인. 비.

박여전(朴汝田) 자혼에 돈 20냥을 부조하였다. 조(趙)약국 여혼에 신랑 일행이 우리 집에 와서 혼례복을 갖춰 입고 해가 저물어서 조약

국으로 가서 혼례를 거행하였다.

하재일기 9 을사년(1905) 12월 20일 무오. 맑음.

교회당에서 주일예배를 거행하였다. 대동이 임원을 개선하는 일로 전례에 따라 회의를 열었다. 내년은 신사(神祀)를 거행하는 해이다. 교를 믿는 우리 신도 몇 사람은 장차 폐기하려 하고, 그 외 다른 사람들은 모두 예전대로 신사를 거행하려 하였다. 그러므로 의논이 일치되지 않아서 온종일 결정하지 못하였다. 임원을 개선하지 못하고 회의를 끝마쳤다.

하재일기 9 병오년(1906) 3월 12일 기묘. 맑음.

영의가 광릉(廣陵) 선영에 가서 한식 절사(節祀)를 지냈다. 윤태화 여식이 밤에 죽었다.

하재일기 9 병오년(1906) 3월 22일 기축. 흐림.

예수가 부활한 날이다. 교우가 모두 모여서 경축하였다.

하재일기 9 병오년(1906) 3월 22일 기축. 흐림.

예수가 부활한 날이다. 교우가 모두 모여서 경축하였다.

하재일기 9 병오년(1906) 5월 26일 임술. 맑음.

이원춘이 서울에서 내려왔다. 망아(亡兒) 영지(榮智)의 소기(小朞)이다. 밤이 깊은 뒤 제사를 지냈다.

하재일기 9 병오년(1906) 6월 14일 기묘. 맑음.

저녁을 먹은 뒤 학도들에게 애국가를 부르고 행진 연습을 하게 하였다.

하재일기 9 병오년(1906) 6월 28일 계사. 맑음.

괴뢰패들이 아랫마을에 들어와 '노치(老癡)'로 밤놀이[夜戲]를 벌였다. 그러므로 내가 절구 1수를 지어 읊었다.

시문서장대소아(試問西庄大小兒)	서장의 크고 작은 아이들에게 묻노니
차하세계차하시(此何世界此何時)	지금이 어느 세상이며 어느 때인고?
등장괴뢰공환숙(登場傀儡工還熟)	등장한 꼭두각시 재주가 익숙하니
파롱세인인불지(簸弄世人人不知)	세상 사람을 놀려 대도 사람들은 모르네.

하재일기 9 병오년(1906) 7월 25일 경신. 맑음.

대황제폐하 만수성절(萬壽聖節-대한제국기 광무〈光武〉 원년〈1897〉에 정한 황제의 탄생일 명칭)이다. 경축을 하기 위해 학교 안에서 성대하게 준비를 하였다. 온 동이 집집마다 연등하고 학교 안의 등불 빛이 앞뒤를 환히 비추었다. 학도 40여 명이 일제히 애국가를 부르고 술과 음식을 장만하여 노소가 함께 즐겼다. 영의가 본군에서 돌아왔다. "본관이 긴급한 공무로 인해 왕림하지 못 한다."고 하니 매우 서운하고 실망스럽다. 나는 일찍이 이웃 아이들에게 체조법을 가르친 적이 있다. 오늘 그들이 등수(燈樹)를 많이 설치하고 애국가를 부르며 춤을 추어 경축하니 그 거동 또한 구경할 만하였다. 교회당으로 불러들여서 한 차례 구경하고 나니 밤이 깊었다. 귀천 김 국장 일행과 여러 빈객들을 동구 밖에서 전별하였다. 연로(沿路)의 문 앞에는 등촉(燈燭)이 환히 비추고 사녀들이 시끄럽게 떠들어 대니 몇 백 년 이래 처음 보는 장거(壯擧)이다. 위 동에도 예수교회당이 있는데 또한 연등하고 경축하였다.

하재일기 9 병오년(1906) 8월 3일 정묘. 비.
축정(丑正-오전 2시)에 집으로 돌아와 생가 조비 기제사를 지냈다.

하재일기 9 병오년(1906) 8월 7일 신미. 맑음.
김익준 부친이 우천에 있는 사위 이대이(李大伊) 집에서 병으로 서거하였다.

하재일기 9 병오년(1906) 8월 8일 임신. 맑음.
우천에 가서 김익준의 당고(當故-부모의 상사(喪事))를 당함. 당상〈當喪〉)를 위문하고 석양에 돌아왔다.

하재일기 9 병오년(1906) 8월 9일 계유. 맑음.
우천 익준 상차(喪次)에 갔다가 오후에 돌아왔다.

206

하재일기 9 병오년(1906) 8월 10일 갑술. 맑음.

우천 익준이 성복(成服)하고 저녁을 먹은 뒤 성복제(成服祭)를 지냈다. 성창(聖昌)이 아내[內眷]와 함께 왔다.

하재일기 9 병오년(1906) 8월 12일 병자. 맑음.

우천에 나가 상여와 함께 산소에 가서 중폄(中窆-풍수설에 따라 좋은 산소를 구할 때까지 임시로 장사를 지냄)하고, 오후에 반우(返虞)하였다.

하재일기 9 병오년(1906) 8월 16일 경진. 맑음.

인아가 광릉(廣陵) 북문 밖 법화동(法華洞) 친산에 갔다가 밤이 되어서 돌아왔다. 말하기를 "산소 계하(階下) 수십 보 되는 곳에 일찍이 정(鄭)가의 가옥이 있었는데, 금년에 가옥을 철거하고 그 아비를 집터에다 장사 지냈습니다. 정가를 불러다 즉시 도로 파내라고 엄히 신칙하였으나 일이 매우 편치 못합니다."라고 하였다.

하재일기 9 병오년(1906) 8월 17일 신사. 맑음.

정원회(鄭元會) 소실 회갑이다. 몸소 와서 초청하였는데, 학도와 자신회 아이들을 모두 인솔하고 오라고 하였다. 그러므로 오후에 인솔하고 가서 잔치에 참석하고 저녁때 돌아왔다. 오늘 새벽에 첫서리가 내렸다.

하재일기 9 병오년(1906) 9월 17일 신해. 맑음.

계천기원절(繼天紀元節-광무 1년〈1897년〉 조선이 국호를 대한제

국으로 고쳐 선포하고, 고종이 광무황제〈光武皇帝〉로 즉위한 기념일)
이다. 경축하기 위해 학교에서 연등하고 만세를 부르고 밤이 깊은 뒤
에 모임을 마쳤다.

하재일기 9 병오년(1906) 10월 24일 정해. 맑음.
고랑리 외숙 회갑이 이달 29일이다. 신화(新貨) 1원을 부조하였다.

하재일기 9 병오년(1906) 12월 30일 임진. 맑음.
저녁을 먹은 뒤 학도들을 거느리고 섣달그믐날 밤[除夕] 축하를
거행하였다.

하재일기 9 정미년(1907) 1월 1일 계사. 아침에 맑고 저녁때 눈발이
날림.
차례를 마친 뒤 이웃과 마을 소년들이 계속하여 찾아왔다. 저녁때
가 되어서 비로소 학교에 들어가 학도들에게 연등(燃燈)하고 경축하
게 하였다.

하재일기 9 정미년(1907) 2월 8일 기사. 맑음.
황태자 전하의 천추경절(千秋慶節-대한제국 광무 원년〈1897〉에 정
한 황태자의 탄생일을 기념하던 날)이다. 학도들을 거느리고 경축하
였다. 만세를 부르고 연등(燃燈)하고, 밤이 깊은 뒤에 집회를 마쳤다.
이재덕(李在德)이 죽었다. 매우 슬프다.

하재일기 9 정미년(1907) 2월 25일 병술. 맑음.

오늘은 곧 한식이다. 영의가 우산(牛山) 산소에 갔다.

하재일기 9 정미년(1907) 2월 26일 정해. 맑음.

이덕보(李德甫)가 죽었다. 매우 놀랍고 한탄스럽다.

하재일기 9 정미년(1907) 2월 30일 신묘. 맑음.

황인선(黃仁先)이 나갔다. 이덕보를 하당현(下堂峴)에 장사 지냈다.

하재일기 9 정미년(1907) 3월 9일 경자. 맑음.

이원춘이 손자 진영(振永)의 책례연(册禮宴-글방에서 학동이 책한 권을 다 읽어서 떼거나, 베끼어 쓰는 일이 끝난 때에 선생과 동료들에게 한턱을 내는 일. 책씻이)을 베풀었다. 온종일 기뻐하고 즐거워하였다.

하재일기 9 정미년(1907) 4월 3일 계해. 맑음.

본 회사에서 두 산신당에 고사를 지내고 치성을 드렸다. 그리고 동중에서 오래전부터 전해 내려오는 굿[賽神]하는 전례를 영구히 폐할 수 없어서, 회사 옛터에 장막을 치고 무녀와 소고(簫鼓)를 청하여 굿을 하였다.

하재일기 9 정미년(1907) 4월 8일 무진. 맑음.

학교 개교 첫 회 기념일이다. 연회를 베풀었다. 본관이 목로로 오전에 배가 우천에 와 닿는다고 하여 학원(學員)이 일제히 나가 영접하여 들었다. 총무장 김 장련, 구 교사 유 박사, 종탄(宗灘) 윤 감역(監役)이 계속하여 내림하고, 군 주사 이은철(李殷哲)도 함께 왕림하여 예식을 거행하였다. 모든 학원이 〈애국가〉와 만세 삼창을 부르고 기념식을 마친 뒤에 술과 음식을 올려 접대하였다. 마침 가객(歌客)이 있어서 한 시간쯤 노래를 들었는데, 또 거문고와 소(簫)를 연주하여 잠시 기쁘고 즐거웠다. 해가 저문 뒤에 처마를 따라 매단 연등에서 비추는 불빛이 장관이었다.

하재일기 9 정미년(1907) 6월 9일 무진. 맑음.

교련장 일을 3명이 하였다. 미국 헤이그[海牙] 평화담판에 대한인(大韓人) 이상설(李尙卨) 등 3명이 전인하여 가서 "일본이 보호 조약을 강제로 체결한 뒤로 일본인의 침범과 포학이 더욱 심하다."고 설명하였으나 일은 성공하지 못하였다. 일본은 이것을 트집 잡아 꾸짖고, 대한 황제에게 전적으로 와서 대죄하라고 침책(侵責)이 더욱 급박하니, 황상은 마지못해 황태자에게 전위(傳位)했다고 하였다.

하재일기 9 무신년(1908) 1월 4일 경인. 맑고 추움.

입춘방(立春榜)을 써서 붙였다. 귀천에 가서 김 국장, 한 주사, 유 박사를 만나보고 석양에 돌아왔다. 날씨가 매우 춥다.

하재일기 9 무신년(1908) 3월 1일 병술. 아침에 흐리고 저녁때 갬.

귀천 김 주사 경헌(景憲)이 상경하여 죽었다. 어제 저물녘에 반구

(返柩)하여 오늘 출장(出葬)했는데, 가서 조문하고 저녁때 돌아왔다. 함흥에 거주하는 김경덕(金鏡德)이 육예(六藝-고대 중국 교육의 여섯 가지 과목. 곧 예〈禮〉·악〈樂〉·사〈射〉·어〈御〉·서〈書〉·수〈數〉를 가리킨다)에 노닐었는데, 분원에 이르러 하루를 묵었다. 오늘 아침에 학도들에게 한바탕 연설하고 바로 양근읍으로 돌아갔다.

하재일기 9 무신년(1908) 4월 4일 무오. 맑음.

운루 병세가 더욱 심하더니 밤 자시(子時) 초에 죽었다. 매우 가련하고 애처롭다. 함경빈(咸敬賓) 부자를 불러 수시(收屍)하고 밤을 보냈다. 동내에서 신사를 시작하였다.

하재일기 9 무신년(1908) 4월 5일 기미. 맑음.

운루를 정오에 염습(殮襲)하고 신시(申時)에 입관(入棺)하였다. 동네에서 온종일 굿[賽神]하고 저녁을 먹은 뒤 파하고 돌아왔다.

하재일기 9 무신년(1908) 4월 6일 경신. 맑음.

상오 8시에 운루를 발인하여 산남(山南)으로 나가 하당현(下堂峴)에 매장하였다.

하재일기 9 무신년(1908) 10월 24일 병자. 맑음.

염영숙(廉英叔) 자친이 엊저녁에 별세하여 팥죽을 쑤어 보냈다. 김·임·지 3명이 식사하던 것을 폐지하였다.

211

하재일기 9 무신년(1908) 10월 27일 기묘. 흐리고 비.
염씨 집 장례 지내는 데 가서 보고 오후에 비를 무릅쓰고 돌아왔다.

하재일기 9 무신년(1908) 11월 3일 을유. 비와 눈이 내림.
우윤기(禹潤基)가 재취 혼례를 올렸다. 온종일 대풍이 불어 지붕을 거두어 말며 모래를 날리고, 밤에도 멈추지 않았다.

하재일기 9 기유년(1909) 1월 1일 임오. 맑음.
차례를 마친 뒤에 이웃의 세배하는 사람들이 계속하여 찾아와 뵈었다.

하재일기 9 기유년(1909) 2월 22일 임신. 맑음.
유태풍(柳泰豊)이 관례(冠禮)를 하였다.

하재일기 9 기유년(1909) 2월 24일 갑술. 맑음.
광흥 학도가 아침을 먹기 전에 돌아갔다. 미음(渼陰) 김 상인(喪人)이 왔다. 계수씨가 숙환으로 오늘 해시(亥時)경에 별세하였다.

하재일기 9 기유년(1909) 2월 25일 을해. 맑음.
계수씨를 염습(殮襲)을 갖추어 오후에 입관하였다. 이경목(李京穆)이 백지와 양초를 부의로 보내왔다. 보통학교에서 당오전(當五錢) 200냥을 꾸어 보냈으므로 우선 받아서 썼다. 산지(山地)를 뒷산 아래 보리밭으로 정하였다.

하재일기 9 기유년(1909) 2월 26일 병자. 맑고 바람.

뒷산 아래 임좌병향(壬坐丙向)에 계수씨를 장사 지냈다. 땔나무 1
바리를 12냥 5전을 주고 사 왔다.

하재일기 9 기유년(1909) 윤2월 4일 갑신. 아침은 맑고, 저녁때 바람
과 눈이 번갈았다.

양력으로 새로 제정한 건원절(乾元節-1908년부터 대한제국 순종
황제의 탄생을 기념하던 날)이다. 학도들이 운동장에 솔문[松門]을
만들었다. 저녁을 먹은 뒤 연등하여 경축하고 밤이 깊은 뒤 집회를
마쳤다. 나는 해수와 천식 때문에 참석하지 못하였다.

하재일기 9 기유년(1909) 8월 4일 경진. 흐림.

익동에 가서 운양(雲養, 김윤식) 대감을 뵈었다. 〈매일신보(每日申
報)〉 논설을 보니, 분원 사기그릇 역사를 개론하고 개량하는 일을 권
면하였다. 익동에 가서 학생들이 유숙하는 집에 이르니, 우윤기가 말
하기를 "여운형 씨가 교사 초빙하는 일로 만나 뵙기를 원한다."고 하
였다.

하재일기 9 기유년(1909) 8월 6일 임오. 맑음.

연동에 가서 김도희 씨를 만나 함께 예배당에 들어가 구경하고, 폐
회한 뒤 학도 우윤기 등과 잠시 쉬었다. 김도희 씨 집에 이르러 이상
재(李相宰) 씨를 만나서 서로 인사를 나눈 뒤 함께 묘동에 이르러 작
별하고 교소(僑所)에 이르니, 주인이 "김 국장이 찾아왔다가 갔다."

고 말하였다.

하재일기 9 기유년(1909) 8월 18일 갑오. 맑음.
변주헌, 함영섭이 여주에 갔다. 자시경에 이웃 사람 장사근이 죽었다.

하재일기 9 기유년(1909) 8월 19일 을미. 맑음.
동에서 장사근의 염습(殮襲)과 관구(棺具)를 도와주었다.

하재일기 9 기유년(1909) 8월 20일 병신. 맑음.
장사근을 내다가 뒷산 아래 당현(堂峴) 서록(西麓) 함경빈 사유 산에 장사 지냈다.

하재일기 9 기유년(1909) 9월 4일 경술. 맑음.
귀천 한 주사 영원(永源) 씨 회갑이다. 원운(原韻)으로 1수를 지어 보냈다.

하재일기 9 기유년(1909) 9월 18일 갑자. 맑음.
최성창이 아침을 먹은 뒤 출발하여 음죽(陰竹)으로 간다고 하였다. 인편에 들으니 "이웃 나라 만주 땅에서 한인(韓人)이 일본 이등박문(伊藤博文)을 총으로 쏘아 죽였다고 하는데, 이 일로 인해 서울 각 학교는 3일간 휴학하라는 칙령이 있었다."고 하였다.

하재일기 9 경술년(1910) 1월 1일 병오. 맑음.

가묘(家廟)에 차례를 마친 뒤 세배하러 온 사람들을 영접하였다.

하재일기 9 경술년(1910) 2월 25일 기해. 맑음.

학교 졸업식을 거행하였다. 본동 노소와 부근 신사, 각 학교를 아울러 초청하여 다과를 접대하였다. 『서사건국지(瑞士建國誌-1907년 박은식이 번역하여 발간한 전기소설. 서사(瑞士), 곧 스위스의 독립투쟁과 건국을 다룬 정치적 계몽 소설이다)』를 가지고 연극을 펼치고 하오 6시에 집회를 마쳤다. 서울공업소(工業所) 학생 이남규(李南圭)가 심부름꾼을 보내왔다.

하재일기 9 경술년(1910) 4월 23일 병신. 맑음.

하오 6시에 어머님이 갑자기 호흡이 급해지더니 술시(戌時) 정각에 별세하셨다. 그 망극함을 말로 표현할 수 없다. 초종범절(初終凡節)을 예법에 따라 거행하였다.

하재일기 9 경술년(1910) 4월 24일 정유. 비.

오정이 되어 비가 그쳤다. 염습(殮襲) 제구(諸具)와 치관(治棺)을 마침을 고하였다. 하오 3시에 대·소렴(大小殮)을 마치고 입관하고 각처에 부고하였다.

하재일기 9 경술년(1910) 4월 25일 무술. 비.

영의를 전인하여 광주 법화동 친산으로 보내어 고유하고 광중(壙

中) 파는 예를 미리 거행하게 하였다.

하재일기 9 경술년(1910) 4월 27일 경자. 비.

상오 8시에 비가 개었다. 즉시 군정(軍丁)을 불러 발인을 동독(董督-감시하며 독촉하고 격려함)하여 우천으로 나가니 배가 이미 준비하고 기다렸다. 회집한 군중 수백 명이 일제히 배를 타고 출발하여 창우(倉隅)에 이르러 하륙하였다. 점심을 먹고 즉시 출발하여 산 밑에 이르니, 해는 이미 유시(酉時) 초가 되었다. 광중(壙中) 파는 일을 살펴본 뒤 즉시 하관(下棺)하고 평토(平土)한 뒤 제주제(題主祭-장사 지낸 뒤에 산소에서 혼령을 신주(神主)에 옮길 때에 지내는 제사)를 지냈다. 영의에게 산역(山役)을 부탁하고 나는 즉시 반우(返虞)하여 집에 돌아오니 이미 축정(丑正)이 지났다. 초우제(初虞祭)를 준비하여 제사를 지내니 날이 이미 밝았다. 정 치삼(鄭致三) 오위장이 왔다. 용인 질녀 집에 전인하여 부고하였다.

하재일기 9 경술년(1910) 4월 28일 신축. 맑음.
재우제(再虞祭)를 지냈다.

하재일기 9 경술년(1910) 4월 29일 임인. 맑음.
삼우제(三虞祭)을 지냈다. 연식이 산소에 갔다. 정치삼이 돌아갔다.

하재일기 9 경술년(1910) 5월 6일 무신. 맑음.
귀천 김 국장 유정(裕定) 씨가 와서 조문하였다. 양지(陽智) 추계(秋

溪) 송 승지 규헌(圭憲) 씨 대부인 부음(訃音)이 왔다. 백지 2속과 양 초 2쌍을 부의로 보내고 부서(訃書)도 보냈다.

하재일기 9 신해년(1911) 4월 22일 경인. 맑음.

자정에 어머니[先妣] 소상을 지냈다. 고랑리 진사선(陳士先)과 쌍 령(雙嶺) 정치(鄭致)가 함께 제사에 참석하였다.

하재일기 9 경술년(1910) 7월 10일 신해. 맑음.

개국기원절 경축식을 거행하였다. 안태영 씨가 교육을 권면하는 연설을 하였다. 하오 8시를 위시하여 보통학교 안에 연등(燃燈)하고 좌석을 마련하고 동포·자매 형제들을 초청하여 조혼(早婚) 폐단을 가 지고 연극을 했는데, 모인 빈객이 500~600명쯤 되어 대단히 성황을 이 루었다. 11시가 되어 폐회하였다. 안태영 씨·이남구 씨는 저녁을 먹은 뒤 목로(木路)로 출발하여 상경하였다. 새로 빚은 찻잔 30여 개를 구워 냈는데, 빛깔과 품질이 매우 아름다워서 포장하여 올려 보냈다.

하재일기 9 경술년(1910) 7월 23일 갑자. 비.

황제 폐하 즉위 예식 기념 경축식을 거행하였다. 밤에 〈애국부인 (愛國夫人)〉 연극 놀이를 하였다.

하재일기 9 경술년(1910) 7월 27일 무진. 비.

그저께 대한 전국이 일본국에 합병되었다. 황제를 개칭하여 왕이 라고 하고, 대한을 개칭하여 조선이라고 한다. 500여 년 동안 지켜

온 종사(宗社)와 3천리 강토와 2천만 민족이 오유(烏有-있던 사물이
아무것도 없게 됨. "어찌 〈이런 일이〉 있겠는가."라는 뜻으로, 허황되
거나 존재하지 않음을 일컫는다)로 돌아갔다. 가슴 아파하고 한탄한
들 어쩌겠는가?

하재일기 9 경술년(1910) 8월 7일 무인. 맑음.
대한과 일본이 합병 계약을 맺은 뒤 고유문(告諭文)을 13도 내에
반포하였다.

하재일기 9 경술년(1910) 8월 15일 병술. 맑음.
연식은 친산(親山)으로 가고, 영의는 우산(牛山)으로 갔다.

하재일기 9 경술년(1910) 8월 20일 신묘. 맑음.
관찰부에서 일본 국기 1쌍을 보통학교에 내려보냈다. "지금 이후
각 경절(慶節)에 게양하게 하라."고 신칙하였다.

하재일기 9 경술년(1910) 8월 21일 임진. 흐림.
오늘은 곧 추분이다. 일본 추계 황령제(皇靈祭) 날이므로 일본 국
기를 처음 게양하였다. 점심때 고안 헌병소장 추산(秋山)이 왔다가
잠시 후에 갔다.

하재일기 9 경술년(1910) 9월 16일 병진. 맑음.
정준갑(鄭俊甲)이 혼행길을 떠나 춘천으로 갔다. 정 훈도가 자친상

을 당하였다.

하재일기 9 경술년(1910) 9월 17일 정사. 맑음.
학교에서 책 판 돈 56냥을 정 훈도 집에 부조하고, 우리 집에서 백지·양초와 팥죽 1동이를 부조하였다.

하재일기 9 경술년(1910) 9월 20일 경신. 맑음.
정준갑이 혼행에서 돌아왔다.

하재일기 9 경술년(1910) 9월 22일 임술. 맑음.
정 훈도 집 장례이다. 학도를 인솔하고 함께 주류동(酒流洞)으로 갔다가 저녁이 되어 돌아왔다.

하재일기 9 경술년(1910) 10월 3일 계유. 맑음.
일본 천황(日本天皇) 천장절(天長節)이다. 욱기(旭旗)를 처음 게양하였다.

하재일기 9 경술년(1910) 10월 16일 병술. 맑음.
여교사 여아의 첫돌이다. 음식을 장만하여 잔치를 벌이고 학도·부형을 초청하여 접대하였다. 김경덕 씨가 금 1원을 여교사에게 부조하고, 밥을 먹은 뒤 상경하였다. 유석우가 석구환과 서울에서 내려왔다.

하재일기 9 경술년(1910) 12월 24일 갑오. 맑음.

손녀를 시집으로 보냈더니, 그 시어머니가 함부로 학대를 하고 도로 쫓았다. 매우 한탄스럽다.

하재일기 9 경술년(1910) 12월 25일 을미. 눈.

이경묵(李景默)이 자부를 돌려보내라고 기별하였으므로 저녁을 먹은 뒤 보냈더니, 손녀사위[孫壻] 종억(鍾億)의 행패가 기가 막힌다고 하고 손녀가 쫓겨나 돌아왔다. 매우 밉살스럽고 가슴 아프다.

하재일기 9 신해년(1911) 2월 7일 병자. 맑음.

정선여학생(貞仙女學校) 최해만(崔海萬)이 일찍이 5리 홍완식(洪完植)에게 출가하였다. 요즈음 의견이 맞지 않는 일이 있어서 서로 만나지 않더니 출장소에서 재판하는 지경에까지 이르렀다. 최가 상종하지 않겠다고 맹세하니 홍도 어찌할 수 없어서 그의 사주단자를 도로 찾아가 영원히 이혼하였다.

하재일기 9 신해년(1911) 2월 16일 을유. 맑음.

집사람 회갑이다. 아침을 장만하여 이웃을 초청하여 함께 먹었다. 서울에 사는 최영창(崔永昌)이 금 1원을 가지고 와서 부조하였다.

하재일기 9 신해년(1911) 6월 17일 계미. 비.

오늘은 곧 내 회갑이다. 술과 음식을 장만하여 이웃을 초청하여 함께 먹었다. 남한산성 한시규(韓始奎)가 비를 무릅쓰고 왔다.

하재일기 9 신해년(1911) 3월 18일 병진. 맑음.

이현구가 찾아왔다. 그간 입교(入敎)한 사람의 가족록(家族錄)을 작성하여 보냈다. 천도교 시일(侍日-천도교에서 일요일을 일컫는 말. 이날 교당에 모여서 기도 의식을 행한다) 예식을 처음 설행하였다. 아직 미비한 건이 많아서 간략히 마련하여 설행하였다. 자정에 선고 기제사를 지냈다.

하재일기 9 신해년(1911) 3월 29일 정묘. 맑음.

정도경(鄭道京)이 죽었다.

하재일기 9 신해년(1911) 4월 1일 기사. 맑음.

정도경을 내다 광주 관음동(觀音洞) 건너 산에 장사 지냈다. 회장(會葬-장례 지내는 데에 참여함. 또는 어떤 모임이나 단체에 공로가 있는 사람이 죽었을 때에 그 모임이나 단체가 주관하여 치르는 장례)에 가서 보고 오후에 돌아왔다.

하재일기 9 신해년(1911) 4월 4일 임신. 맑음.

아침을 먹은 뒤 천도교 중앙총본부에 가서 의암성사(義菴聖師-천도교 제3세 교주 손병희)를 배알하고 여러 직원과 서로 인사하였다.

하재일기 9 신해년(1911) 4월 6일 갑술. 아침에 비가 내리고, 저녁때 갬.

의암성사와 각 교우(敎友)에게 작별을 고하고 길을 떠났다. 산을 넘고 물을 건너 힘겹게 집에 돌아오니 밤은 이미 10시가 되어 몹시 피곤해서 누워 잤다.

하재일기 9 신해년(1911) 4월 19일 정해. 맑음.

청탄 김영배가 왔다. 김종배가 보낸『천도교초등교서(天道敎初等敎書)』1책과『대종정의(大宗正義)』1책을 이기창(李基昌)에게 전하여 보냈다.

하재일기 9 신해년(1911) 윤6월 20일 병진. 맑음.

천도교 지일(地日-천도교 제2세 교주 최시형이 제1세 교주로부터 심법을 승통하였음을 기념하는 날)을 기념하려고 정소산과 5~6명의 교인이 귀천 유동섭(柳東燮) 서루(書樓)에 갔는데 적적히 이미 잠에 들었다. 불러 일으켜서 등불을 켜고 잠시 이야기하고 달이 뜬 뒤에 내려왔다. 우윤기(禹潤基), 이남철(李南喆) 등 학생들은 목로로 상경하려고 우천으로 나갔다. 시간은 정각 1시이다.

하재일기 9 신해년(1911) 5월 5일 임인. 맑음.

학도들이 학업을 쉬고 그네[鞦韆]뛰기를 하였다.

02
『하재일기』에 나타난 衣·食·생필품 등 관련 자료[2]

[1891년 당시 시장에서 거래된 물품의 가격과 종류]
〈구입 물품과 지출 가격〉

〈衣 관련〉

양항라(洋亢羅) 2필 → 125냥(1필 62.5냥)

3필 → 244냥 5전

(天豊元女頭票) 양사(洋紗) 10필 → 181냥 5전

10필 → 227냥(虎票)

당목 10필 → 740냥(1필 74냥)

반통 → 47냥

_____

2 여기서 제시한 자료는 박은숙의 해제를 참고하여 정리한 것이다.

1필 → 100냥

삼자표(三字標) 25필 → 1,988냥 7전 5푼

항라 3필 → 90냥, 3냥

9자 → 21냥 6전, 진신[泥鞋] 1켤레 → 15냥

1켤레 → 18냥

1켤레 → 33냥

양통해단(洋通海緞) 4자 → 10냥, 장갑 1켤레 → 3냥

무명 1필 → 40냥 2전 5푼, 백사대(白絲帶) 2건 → 17냥

1건 → 7냥 5전

문포(文布) 1필 → 19냥 5전, 사대 1조 → 7냥 5전

면화 3근 → 30냥, 여자 신 1켤레 → 18냥

묵은 솜 반근 → 1냥 5전, 나막신 → 2냥 5전

삼팔주(三八紬) 5자 → 21냥 5전, 죽영(竹纓) 1건 → 23냥

분홍 명주 6자 → 12냥, 산호잠(비녀) → 8냥

좌응표(坐鷹票) 5필 → 540냥, 등토시 1건 → 4냥 5전

삼마표(三馬票) 10필 → 1,130냥, 털토시 1축 → 5냥

흰모시 1필 → 128냥

〈食 관련〉

쌀 10말 → 215냥

2말 6되 → 59냥 8전

1되 → 2냥 8·9전, 소금 25석 → 975냥(1석 39냥)

1섬 → 50냥(판매가)

찹쌀 → 11냥 2전, 도미 1속 → 51냥

도가니 고기 1부(部) → 10냥, 술 → 4전, 5전, 8전

고기 → 5전, 6냥, 5냥, 생강 → 1전

정육 → 5냥, 대추 → 5푼

작은 돼지 족 1개 → 5냥, 국수 → 1냥 5전

영계[軟鷄] 10마리 → 40냥

10마리 → 23냥 식대 19상 → 5냥(하숙집)

2인분 → 1냥 2전(국밥집)

4인분 → 2냥(국밥집)

무[菁根] → 3냥, 술과 국수 3사람 → 3냥

〈생필품 및 기타〉

25자 → 50냥, 마른신 1켤레 → 25냥, 1켤레 → 26냥,

1켤레 → 24냥, 25냥

상풍유(上豊裕) 40필 → 4,560냥, 망건 1립 → 22냥, 1립 → 14냥

왜청 40근 → 4천 냥(1근100냥), 산호잠(비녀) → 8냥

풍차(風遮) 1건 → 22냥, 갓끈 → 3냥

당기 → 5냥 6전, 깔개[氈褥] 1건 → 18냥

땔나무 1짐 → 5냥

10짐 → 40냥

6냥 1냥(1일 밤 사용분)

50냥, 63냥 등 각장(角壯) 16개 → 36냥 8전

솔가지 → 7냥 8전, 이엉 12마름 → 8전씩

양초 → 3전, 유리등 갓 2개 → 1냥 6전

석유 1통 → 24냥, 숯 → 16냥 8전 5푼, 3전

석유등 1좌 → 2냥, 1개 → 5냥

1개 → 4냥 5전, 안경갑 1개 → 8냥

책 방약합편 등 2권 → 7냥

통감 3권 → 10냥, 가짓잎괭이 4개

곡괭이 1개 합 23냥 5전

목마철 20근 → 24냥(1근 1.2냥), 화초 → 50냥

괭이 1개 → 3냥 5전, 백지 1축 → 20냥

약황 1갑 → 5전, 5푼, 약값 → 6냥

광동경(廣東鏡) 1건 → 4냥 5전, 분(粉) 3갑 → 2냥 2전

담배, 쌈지 1개 합 5전, 담배 1근 → 4냥

18포 → 51냥 6전 5푼

2전 5푼, 2전, 5푼 등

담뱃대 → 2냥 3전, 금패흡연 1개 → 2냥 8전

못 → 1전, 벼루 1좌 → 5냥 8전

칠반 1좌 → 8냥 2전 5푼, 다리미 1개 → 5냥

왜필세(倭筆洗) 1개 → 2냥, 금전지(金箋紙) 두 조각 → 5전

가위 1개 → 2냥 2전

1개 → 5전, 칠정단(七精丹) 147개 → 14냥 7전

일수산(一壽散) 1첩 → 1냥 2전, 신해산(神解散) → 9냥

숫돌 → 7전, 우산 1개 → 12냥, 1개 → 5냥

혈침 2개 → 1냥 5전, 일본우산[倭傘] 1개 → 13냥

주머니칼 1개 → 4냥 5전, 금색 방울 1개 → 2냥

콧병 약 → 35냥 3전, 합궤(盒櫃) 1좌 → 6냥

모장지(毛壯紙) 1축 → 5냥, 자물쇠 1개 → 2냥 3전

벼루[硯石] 1개 → 2냥 5전, 원밀(圓蜜) 2장 → 1냥 2전

먹 2자루 → 1냥 2전, 붓 2자루 → 1냥

큰 붓 5자루 → 3냥

10자루 → 3냥, 간필 1동(同)

습자필 8자루 합 13냥 4전

왜밀(倭蜜) 2장 → 2냥, 1장 → 5전, 돼지 → 645냥

[1892~1894년 서울·분원 일대의 물가 동향]
〈품목과 가격〉

〈衣 관련〉

광목 1필 → 108냥

무명 24척 → 28냥 8전(1척 → 1냥 2전)

1필 → 46냥

북포(北布) 1필 → 60냥

세북포 2필 → 195냥(1필 → 97냥 5전)

생모시 1필 → 127냥 6전

〈食 관련〉

쌀 1되 → 3냥 1전

4말 → 126냥(1되 → 3냥 1전 5푼)

6말 → 225냥(1되 → 3냥 7전 5푼)

1되 → 4냥 5전

4말 1되 → 123냥(1되 → 3냥)〈1892년 1월 14일〉

〈1892년 8월 5일, 1893년 1월 19일,1893년 8월 8일, 1894년 10월 4일〉

콩 1되 → 3냥〈1892년 10월 20일〉

참깨 2되 → 9냥 5전(1되 → 4냥 7전 5푼)〈1892년 11월 14일〉

배 10개 → 2냥(1개 → 2전)〈1892년 7월 29일〉

참외 14개 → 4냥(1개 → 2전 9푼)

1접 → 12냥〈1892년 6월 27일, 1892년 윤6월 1일〉

대추 1/2되 → 4냥〈1892년 5월 20일〉

북어 5마리 → 5냥(1마리 → 1냥)

2두름 → 12냥 2전(1두름 → 6냥 1전)

10두름 → 57냥(1두름 → 5냥7전)〈1892년 1월 7일, 1892년 12월 22일,
1892년 12월 30일〉

미역 1속 → 14냥

1속 → 23냥〈1892년 11월 14일〉

김 10톳 → 14냥 5전(1톳 → 1냥 4전 5푼)〈1892년 12월 22일〉

쌀새우[백하] 1되 → 1냥 5전

1동이 → 125냥〈1892년 6월 29일, 1892년 7월 18일〉

쏘가리 4마리 → 9냥(1마리 → 2냥 2전 5푼)

6마리 → 27냥(1마리 → 4냥 5전)〈1892년 4월 26일, 1892년 5월 5일〉

소염통 1부 → 6냥〈1892년 윤6월 1일〉

약병아리 2마리 → 5냥(1마리 → 2냥 5전)〈1892년 6월 5일〉

꿩고기[生雉] 4마리 → 17냥(1마리 → 4냥 2전 5푼)〈1892년 12월 14일〉

달걀 25개 → 3전 5푼(1개 → 1전4푼)〈1892년 11월 4일〉

배추 1짐(100개) → 20냥(1개 → 2전)〈1893년 9월 24일〉

소금 1석 → 70냥〈1893년 9월 16일〉

후추 1봉 → 4냥5전〈1892년 12월 26일〉

돼지 1마리 → 70냥〈1892년 1월 8일〉

소 1마리 → 390냥

1마리 → 417냥〈1894년 2월 29일, 1894년 11월 24일〉

암탉 1마리 → 3냥〈1892년 11월 14일〉

〈생필품 및 기타〉

짚신 2켤레 → 1냥 6전(1켤레 → 8전)〈1892년 4월 14일〉

미투리 1켤레 → 2냥〈1892년 6월 29일〉

마른신 1켤레 → 20냥〈1892년 9월 10일〉

진신(泥鞋) 1켤레 → 38냥〈1892년 12월 18일〉

나막신 1켤레 → 1냥 7전〈1892년 12월 23일〉

망건 1닢 → 27냥〈1892년 12월 20일〉

땔나무 1짐 → 4냥 8전〈1892년 1월 14일〉

숯 23속 → 5냥 7전 5푼(1속 → 2전 5푼)〈1892년 5월 4일〉

이엉[蓋草] 24마름[零] → 26냥 4전(1마름 → 1냥 1전)〈1892년 3월 29일〉

볏짚 5속(束) → 2냥 2전(1속 → 4전 4푼)〈1892년 윤6월 14일〉

싸리비 4개 → 4전(1개 → 1전)〈1892년 7월 24일〉

석유등(石油燈) 2개 → 6냥 1전(1개 → 3냥 5푼)〈1892년 3월 26일〉

목궁(木弓) 1장 → 25냥〈1894년 10월 15일〉

혈죽 1개 → 3전〈1892년 1월 14일〉

담배 1줌[把] → 3냥

6줌 → 12냥(1줌 → 2냥)〈1892년 4월 4일, 1892년 11월 9일〉

담뱃대 1개 → 4냥 5전〈1892년 10월 8일〉

절초검 1장 → 45냥〈1892년 12월 22일〉

참빗 1개 → 7전〈1892년 4월 4일〉

참분 1갑 → 1냥 7〈1892년 4월 10일〉

아교 1장 → 5전〈1892년 4월 8일〉

통감(通鑑) 5권 → 5냥(1권 → 1냥)〈1892년 4월 11일〉

백지 1축 → 15냥〈1892년 윤6월 15일〉

창호지 3축 → 138냥(1축 → 46냥)〈1892년 8월 14일〉

참먹[眞墨] 5정(丁) → 7냥 5전(1정 → 1냥 5전)〈1892년 4월 22일〉

찬합병 1개 → 7냥 5전〈1892년 윤6월 13일〉

칠반(漆盤) 1좌(座) → 9냥 5전〈1892년 윤6월 14일〉

중솥[中鼎] 1좌 → 45냥 2전〈1892년 윤6월 16일〉

약대접 1좌 → 7냥〈1892년 윤6월 27일〉

놋대야 1좌 → 60냥〈1892년 9월 16일〉

교자(驕子) 1좌 → 180냥 ; 맞춤 교자〈1892년 10월 6일〉

배[船] 1척 → 1,600냥〈1892년 윤6월 4일〉

[서울·분원 일대의 물가 동향(1895. 1~1896. 8)]
〈품목과 가격〉

〈衣 관련〉

광목 2필 → 243냥〈1895년 11월 3일〉

무명 1필 → 34냥〈1895년 3월 28일〉

8척 → 8냥 2전〈1895년 윤5월 9일〉

75자 → 90냥〈1895년 11월 4일〉

47척 → 51냥 7전〈1896년 3월 9일〉

광동포(廣東布) 2필 → 111냥〈1896년 5월 14일〉

생모시 1필당 → 85냥〈1896년 6월 13일〉

삼베 1필 → 44냥〈1896년 3월 14일〉

석새삼베[三升布] 1필 → 18냥〈1896년 5월 14일〉

명주 10자 → 16냥 2전〈1896년 4월 24일〉

양사(洋紗) 1필 → 41냥〈1895년 2월 24일〉

서양사 10자 → 20냥〈1895년 10월 29일〉

1필 → 34냥〈1895년 11월 3일〉

무명실[木絲] 2타래[條] → 2냥 5전〈1895년 2월 24일〉

마른신 1켤레 → 28냥〈1895년 4월 11일〉

신랑 신 1켤레 → 30냥〈1895년 4월 11일〉

진신(泥鞋) 1켤레 → 21냥〈1895년 2월 24일〉

망건 2닙 → 54냥〈1895년 2월 3일〉

비단허리띠[紬腰帶] 1개 → 8냥〈1895년 4월 1일〉

대님[短袙] 1개 → 3냥〈1895년 4월 1일〉

〈食 관련〉

쌀 백미 2말 → 67냥〈1895년 5월 15일〉

쌀 5말 8되 8홉 → 194냥〈1895년 5월 20일〉

백미 4말 8되 → 156냥〈1895년 윤5월 4일〉

쌀 매 되 → 3냥 4전씩〈1895년 6월 29일〉

쌀 2말 4되 → 66냥 3전〈1895년 9월 9일〉

백미 2말 → 은화 3원〈1895년 9월 24일〉

백미 14되 → 46냥 2전〈1895년 10월 4일〉

백미 12말 → 396냥〈1895년 10월 11일〉

쌀 2말 5되 → 87냥 5전〈1896년 1월 9일〉

쌀 1말 2되 → 42냥 4전〈1896년 4월 4일〉

백미 8말 3되 → 342냥 2전〈1896년 4월 24일〉

쌀 1말 → 47냥 5전〈1896년 7월 9일〉

쌀 3말 5되 → 150냥 5전〈1896년 7월 29일〉

백미 2말 → 75냥〈1896년 8월 9일〉

백미 4말 5되 → 164냥 2전 5푼〈1896년 8월 14일〉

백미 5말 1되 → 170냥 8전 5푼

(매 되에 3냥 3전 5푼씩 계산)〈1896년 8월 29일〉

찹쌀 1되 → 4냥〈1895년 4월 6일〉

콩 메주콩 1말 2되 → 22냥 8전〈1895년 11월 5일〉

콩 4말 4홉 → 92냥 9전〈1896년 2월 19일〉

팥[赤豆] 2되 → 8냥〈1896년 8월 9일〉

조기 1속 → 12냥〈1896년 3월 30일〉

쌀새우[白蝦] 3사발 → 7냥 5전〈1895년 윤5월 17일〉

소금 백염(白鹽) 1섬 → 62냥〈1896년 2월 13일〉

소금 1섬 → 43냥〈1896년 3월 4일〉

소금 1섬 → 61냥〈1896년 8월 30일〉

설탕 1봉 → 2냥 5전〈1896년 7월 16일〉

참기름 15사발 → 138냥 5전〈1895년 5월 23일〉

유과(油果) 2근 → 12냥〈1895년 4월 12일〉

돼지 1마리 → 64냥〈1895년 4월 14일〉

〈생필품 및 기타〉

땔나무 1바리 → 3냥 3전〈1896년 2월 18일〉

석유 1통 → 73냥〈1895년 8월 8일〉

1궤 → 88냥〈1895년 11월 3일〉

황촉 1쌍 → 2냥 2전〈1895년 윤5월 2일〉

담배 1파(把) → 4냥〈1896년 3월 4일〉

4파 → 9냥 7전〈1896년 8월 19일〉

담뱃대[煙竹] 2개 → 8냥〈1896년 7월 16일〉

궐련구(卷煙具) 2개 → 5냥〈1895년 2월 24일〉

참빗 4개 → 5냥〈1896년 3월 9일〉

백지 2속 → 3냥 1전〈1895년 윤5월 2일〉

오목(烏木) 1개 → 1냥 5전〈1896년 7월 16일〉

체 1개 → 8냥〈1895년 4월 3일〉

솥 씻는 솔 2개 → 2냥〈1896년 3월 14일〉

맹석(盲席) 1립 → 12냥 5전〈1896년 8월 9일〉

가마 1좌 → 90냥〈1895년 9월 28일〉

[서울·분원 일대의 물가 동향(1896. 9~1898. 10)]
〈품목과 가격〉

〈衣 관련〉

왜목(倭木) 1필 → 36냥〈1896년 9월 7일〉

당목 1필 → 220냥〈1896년 9월 7일〉

2필 → 261냥〈1896년 11월 21일〉

무명 세백목 20자 → 26냥〈1896년 9월 4일〉

백목 1필 → 38냥〈1897년 1월 16일〉

백목 10필 → 220냥〈1897년 1월 17일〉

백목 5필 → 162냥〈1898년 10월 5일〉

모시 흰 모시 1필 → 100냥〈1897년 2월 19일〉

생모시 1필 → 80냥〈1897년 4월 24일〉

생모시 1필 → 78냥〈1897년 4월 29일〉

왜비단 5자 → 17냥 5전〈1896년 11월 14일〉

산동주(山東紬) 1필 → 105냥〈1897년 1월 17일〉

흰 삿갓 1닢 → 27냥 5전〈1896년 12월 9일〉

삿갓 끈 1건 → 1냥 7전〈1896년 12월 9일〉

나막신 1개 → 7냥〈1897년 11월 2일〉

안신[內鞋] 2건 → 28냥〈1896년 12월 2일〉

진신(泥鞋) 1켤레 → 43냥〈1896년 12월 2일〉

짚신 2건 → 34냥〈1896년 12월 5일〉

1건 → 21냥, 아이 짚신 1건 → 14냥〈1896년 12월 6일〉

망건 1닢 → 28냥〈1896년 12월 9일〉

촉묘피(蜀猫皮) 토시 1건 → 30냥〈1897년 1월 15일〉

〈食 관련〉

쌀 백미 2말 6되 → 85냥 8전〈1896년 12월 28일〉

백미 4말 6되 6홉 → 156냥 5전〈1897년 1월 8일〉

백미 1말 3되 → 48냥 1전〈1897년 1월 19일〉

백미 5말 9되 3홉 → 196냥〈1897년 1월 24일〉

백미 12말 7되 → 431냥 8전〈1897년 2월 1일〉

백미 2말 6되 → 89냥 7전〈1897년 2월 5일〉

백미 8말 9되 → 311냥 5전

백미 12말 6되 9홉 → 457냥 4전

백미 26되 2홉 → 86냥 4전 5푼〈1897년 2월 9일〉

백미 11말 9되 4홉 → 423냥 8전 5푼

백미 5말 7되 → 202냥 3전 5푼〈1897년 2월 14일〉

백미 12말 2되 → 427냥〈1897년 2월 19일〉

백미 3말 5되 → 210냥〈1898년 1월 9일〉

백미 1말 1되 → 66냥〈1898년 1월 12일〉

백미 3말 → 180냥〈1898년 1월 13일〉

쌀 3말 → 183냥〈1898년 2월 9일〉

쌀 4말 8되 → 280냥〈1898년 2월 24일〉

쌀 2말 → 130냥〈1898년 3월 2일〉

쌀 4말 2되 → 298냥 2전〈1898년 윤3월 28일〉

쌀 2말 4되 → 180냥〈1898년 4월 2일〉

쌀 1말 → 76냥〈1898년 6월 15일〉

백미 1말 → 56냥〈1898년 8월 8일〉

백미 1말 5홉 → 55냥 6전 5푼〈1898년 8월 24일〉

백미 1말 → 44냥〈1898년 9월 14일〉

백미 2말 → 90냥〈1898년 9월 30일〉

보리 종자 1말 5되 → 30냥 5전〈1898년 2월 29일〉

콩 4말 → 116냥〈1897년 2월 7일〉

1말 1되 1홉 → 33냥〈1897년 2월 9일〉

조기[石魚] 19속(束) 5미(尾) → 14냥 25전〈1897년 4월 23일〉

북어 1급(級) → 6냥 5전〈1897년 2월 7일〉

도미 2개 → 7냥〈1897년 4월 22일〉

쌀새우[白蝦] 1/2단지 → 47냥 5전〈1897년 9월 22일〉

1항아리 → 110냥〈1898년 9월 14일〉

쏘가리(鱖魚) 11마리[尾] → 22냥〈1898년 윤3월 11일〉

쏘가리(錦鱗魚) 10마리[尾] → 25냥〈1898년 윤3월 16일〉

소금 2석 → 220냥〈1896년 9월 29일〉 1896-0929

설탕 2봉 → 4냥〈1897년 3월 28일〉

참기름 1발(鉢) → 12냥 5전〈1897년 2월 7일〉

술값 5명이 마신 술값 → 2냥〈1897년 3월 27일〉 1897-0327

인삼 1근 → 140냥〈1897년 3월 28일〉

소 1마리 → 210냥〈1897년 4월 4일〉

〈생필품 및 기타〉

화목(火木) 428바리 → 2,141냥〈1897년 12월 5일〉

숯 32속(束) → 6냥 4전〈1896년 9월 9일〉

기둥 1개 → 30냥〈1896년 9월 8일〉

말 2필 → 1,200냥〈결가〉〈1897년 6월 23일〉

장이(長耳, 나귀) 1마리 → 235냥〈헐값 처분〉〈1898년 6월 27일〉

석유 궤짝 1좌 → 3냥 7전 5푼〈1896년 12월 21일〉

담배 2파(把) → 2냥 5전〈1896년 10월 9일〉

1파 → 4냥 7전씩 125파 구입〈1897년 1월 24일〉

24파 → 180냥〈1897년 4월 28일〉

각장(角壯) 4장 → 48장〈1897년 1월 15일〉

해묵(海墨) 1동 → 12냥〈1897년 1월 15일〉

금계랍(金鷄蠟) 상품 1병 → 40냥〈1896년 12월 10일〉

1병 → 35냥〈1898년 6월 3일〉

쇄치모(刷齒毛) 1개 → 3냥 2전〈1896년 12월 10일〉

배 1척 → 1,360냥〈1898년 8월 20일〉

논 불길답(佛吉畓) 3두락 → 450냥〈1897년 2월 7일〉

이엉 15마름 → 15냥〈1896년 10월 29일〉

10마름 → 7냥 5전〈1896년 10월 29일〉

치박(齒朴) 1개 → 6냥 7전 5푼〈1896년 9월 9일〉

망건 만든 수공 6냥 5전〈1896년 10월 29일〉

우산 살대 고친 수공 2냥 5전〈1896년 11월 10일〉

망건 고친 수공 8냥 5전〈1897년 1월 6일〉

[서울·분원 일대의 물가 동향(1898. 11~1900. 8)]
〈품목과 가격〉

〈衣 관련〉

당목 1필 → 25냥〈1900년 8월 20일〉

무명 75자 → 1자당 1냥 1전〈1898년 12월 9일〉

흰 모시 1필 → 125냥〈1899년 4월 21일〉

짚신 1건 → 29냥

아이들 짚신 5건 → 169냥

여자 어른 짚신 1건 → 15냥〈1899년 5월 1일〉, 〈1899년 12월 6일〉,
〈1899년 12월 8일〉

미투리 → 5냥〈1899년 8월 4일〉 1899-0804

진신(泥鞋) 여자 이혜 1건 → 23냥〈1899년 1월 30일〉

〈食 관련〉

쌀 2말 2되 → 92냥 4전〈1898년 11월 9일〉

백미 1말 1되 4호 → 47냥 8전 5푼〈1898년 11월 29일〉

백미 2말 → 90냥〈1898년 12월 7일〉

백미 2말 → 86냥〈1898년 12월 14일〉

백미 1말 → 45냥〈1899년 1월 7일〉

백미 2말 5되 → 112냥 5전〈1899년 1월 25일〉

백미 3말 5되 → 157냥 5전〈1899년 2월 19일〉

백미 2말 → 98냥〈1899년 3월 14일〉

백미 2말 → 110냥〈1899년 4월 4일〉

백미 2말 → 116냥〈1899년 4월 9일〉

백미 1말 → 56냥〈1899년 6월 24일〉

백미 2말 → 92냥〈1899년 8월 9일〉

백미 1말 → 48냥⟨1899년 8월 29일⟩

백미 2말 → 100냥⟨1899년 10월 4일⟩

백미 2말 → 93냥⟨1899년 10월 4일⟩

백미 2말 → 117냥⟨1900년 7월 9일⟩

찹쌀 1되 6홉 → 1냥 2전⟨1900년 5월 14일⟩

콩 메주콩 1말 3되 → 42냥⟨1899년 11월 4일⟩

콩 4되 → 13냥 2전⟨1899년 11월 4일⟩

장골(獐骨) 1부(部) → 20냥⟨1898년 12월 29일⟩

우골(牛骨) 1개 → 3냥⟨1899년 8월 9일⟩

쌀새우[白蝦] 3주발 → 6냥 32전⟨1899년 6월 7일⟩

무 종자 경승(京升) 1되 → 180냥⟨1899년 5월 30일⟩

무 1바리 → 25냥⟨1899년 9월 26일⟩

참기름 1주발 → 13냥⟨1899년 8월 9일⟩

금계랍(세창표) 1병 → 32냥⟨1899년 3월 1일⟩

인삼 1근 40편 → 190냥⟨1899년 11월 16일⟩

⟨생필품 및 기타⟩

땔나무 장작 2바리 → 2냥 2전

장작 1바리 → 7냥 5전약제류⟨1899년 1월 4일⟩, ⟨1899년 5월 29일⟩

땔나무 2짐 → 5냥 2전

땔나무 3짐 → 9냥 6전

땔나무 3짐 → 10냥 2전⟨1899년 9월 10일⟩, ⟨1899년 9월 19일⟩,

〈1899년 10월 9일〉

싸리나무 6짐 → 21냥〈1899년 2월 14일〉

이엉 150마름 → 230냥〈1899년 10월 14일〉

삼나무 60개 → 260냥〈1899년 6월 3일〉

화목(火木) 매 자[尺] → 34냥〈1899년 7월 26일〉

매 자 → 22냥 5전씩〈1900년 4월 23일〉

울섶[籬薪] 2바리 → 13냥〈1899년 2월 17일〉

풀솜[雪綿子] 1냥 5전쭝 → 7냥 5전〈1899년 2월 29일〉

책류 《일어첩경》 2책 → 8냥〈1899년 2월 29일〉

담배 6파 → 15냥〈1899년 12월 9일〉

1파 → 4냥 5전〈1899년 7월 19일〉

4파 → 16냥〈1899년 8월 4일〉

장지(壯紙) 3장 → 4냥 5전〈1899년 2월 8일〉

옻칠 소반 2좌 → 21냥 〈1899년 12월 10일〉

왜청 8근 → 2,912냥〈1898년 11월 5일〉

120냥쭝 → 1,820냥(1천 냥 선급, 820냥 후급)〈1898년 11월 14일〉

임금 지붕 이은 삯 11냥〈1898년 11월 4일〉

가마꾼 삯 40냥〈1899년 3월 2일〉

김맨 삯 100냥〈1899년 5월 29일〉

채소 심은 삯 6명 → 18냥(1명당 3냥)〈1899년 7월 19일〉

김맨 품삯 12명 → 24냥(1명당 2냥)〈1899년 7월 29일〉

무 운반비 1바리 당 → 12냥〈1899년 9월 26일〉

밭갈이 품삯 26냥〈1899년 9월 29일〉

약제류 연수고정환(延壽固精丸) → 22냥 5전〈1899년 2월 29일〉

[서울·분원 일대의 물가 동향(1900. 윤8~1902. 8)]
〈품목과 가격〉

〈衣 관련〉

단사(單絲) 매 척(隻)당 30~40냥씩〈1900년 윤8월 7일〉
왜포(倭布) 1필 → 194냥〈1901년 9월 29일〉
삼팔주[三八紬] 6자 → 48냥(1자 8냥)〈1901년 2월 14일〉
마른신 1켤레 → 35냥〈1900년 10월 23일〉

〈食 관련〉

쌀 1되 → 5냥 5전〈1901년 5월 14일〉
1되 → 5냥 4전〈1900년 6월 4일〉
1말 6되 → 136냥[추미(麤米)]〈1901년 6월 29일〉
8말 8되 4홉 → 760냥 2전〈1901년 11월 4일〉
2말 → 200냥〈1902년 5월 4일〉
보리 1섬 → 150냥〈1902년 8월 13일〉
배추 72단 → 240냥〈1901년 9월 25일〉
쌀새우[白蝦] 1동이 → 100냥〈1901년 9월 25일〉
인삼 1근 → 125냥〈1902년 5월 26일〉

〈생필품 및 기타〉

체[鐵篩]　1개 → 14냥〈1902년 2월 19일〉

담배 1근 → 6냥〈1900년 윤8월 26일〉

약제류 지황탕 1제 → 102냥〈1901년 2월 14일〉

웅담 2품 쭝 → 50냥〈1901년 7월 15일〉

흙 운반비 매 명당 임금 10냥씩(짐꾼 5명)〈1901년 4월 17일〉

가마꾼삯 노자 10냥, 가마꾼 품삯 45냥(분원 → 서울)〈1900년 10월 20일〉

공전(工錢) 무명 100자 직조 공전 → 25냥〈1902년 5월 6일〉

배삯 수을토 63섬 운반, 1섬 → 3냥씩 운반비〈1902년 6월 25일〉 1

[서울·분원 일대 물가 동향(1902. 윤8. 23~1905. 3. 2)]
〈품목과 가격〉

〈衣 관련〉

무명 2필 → 132냥〈1903년 1월 20일〉

왜포(倭木) 1필 → 330냥〈1903년 9월 24일〉

〈食 관련〉

쌀 1말 → 220냥〈1902년 9월 9일〉

8석 → 4,160냥(1석 → 520냥)〈1903년 6월 13일〉

3말 → 480냥(1말 → 160냥)〈1904년 8월 19일〉

보리종자 3말 → 30냥(1말 → 10냥)〈1903년 2월 18일〉

배추 100포기 → 125냥, 115포기 → 143냥 7전 5푼, 95포기 → 118
냥 7전 5푼〈1902년 10월 9일〉

무 120개 → 80냥〈1902년 10월 9일〉

쌀새우[白蝦] 2동이 → 270냥〈1902년 8월 26일〉

〈생필품 및 기타〉

백지 1축 → 39냥〈1903년 1월 20일〉

안경 1개 → 30냥〈1904년 8월 6일〉

배[船] 1척 → 2,200냥〈1905년 1월 26일〉

숙지황 1봉지 → 12냥〈1902년 9월 14일〉

말세(馬稅) 1필 임금 → 30냥〈1904년 12월 8일〉

공전(工錢) 진신[泥鞋] 수선 → 12냥 5전 〈1902년 9월 9일〉

03

『하재일기』에 나타난 의학 관련 자료[3]

하재일기 1 [별록]

[약 처방(藥處方)]

비창(鼻瘡) 놋쇠 도가니[鍮刀干]를 숯불 위에 올려놓고 생수은(生
水銀)을 조금 넣고 구멍이 뚫린 대통[竹筒]을 콧구멍에 대고 종이를
붙여 고깔처럼 만들어 도가니 위를 덮고 백영사(白靈砂) 5푼을 도가
니 속에 흘려 넣으면 수은이 불에 달아서 영사가 염황(焰黃)처럼 빛
이 일어난다. 기운이 죽통을 따라 콧구멍으로 들어가면 즉시 차도가
있다. 신체의 모든 창종(瘡腫)에 아울러 이렇게 치료한다고 하였다.

---

3   의학 관련 자료는 서울시사편찬위원회에서 『하재일기』 전체를 탈초, 번역한 김상
    환·이종덕 역, 박은숙 해제, 『국역하재일기 1~8』(서울시사편찬위원회, 2005~2009.)
    에서 발췌 참고하여 제시하였음을 밝힌다.

파뿌리[蔥白帶鬚] 수본(數本)
생강(生薑) 수십 편(片) ― 짓찧기[爛搗]

메밀(木麥)
소엽(蘇葉) ― 각 1움큼[一掬]

독감과 시기(時氣)로 처음 아플 적에 위 것을 물에 달여 따뜻하게 먹고 취한(取汗)하면 즉시 풀린다. 만약 한 번 복용하여 듣지 않으면 몇 차례 연복(連服)한다.

소아 머리 부스럼[小兒頭瘡] 먼저 동변(童便)으로 씻은 후에 메밀을 가루 내어 붙이면 즉시 낫는다.

화상[火焰] 먼저 간장을 바르고 익원산(益元散)에 달걀흰자를 섞어 바르면 즉시 낫는다. 또 강아지 뼈를 태운 재[燒存性]를 참기름에 개어 붙여도 좋다.

등창[背瘡] 참밀[小麥]을 침과 섞어 씹어서 붙이고 하루 있다 떼어낸다. 수족창(手足瘡)에도 그렇게 한다.

이질(痢疾) 달걀을 삶아서 많이 먹고 잣즙[松子汁] 한 그릇을 취하여 먹는다. 혈리(血痢)에는 무즙[菁根汁]을 꿀에 타서 먹는다.

학질 초기(瘧疾初期) [瘧氣始發時] 생강을 소금을 넣고 달여 먹은 후에 어린 사내아이 소변[純陽溺] 한 그릇을 또 취하여 먹고 그래서 생맥산(生脈散)을 쓴다.

한수석(寒水石) 3돈
석웅황(石雄黃)
혈갈(血蝎)
유향(乳香)
몰약(沒藥)
상경분(常輕紛) 각 1돈
▨대(▨帶) 2돈 ― 가루로 만들어 풀에 반죽하여 환(丸)을 짓거나 뒤섞어 붙임.

연지(臙脂)
고백반(枯白礬)
돼지기름(猪油) ― 합쳐 이겨서 바르면 흉터를 없앤다.

파뿌리[蔥白帶鬚] 수본(數本)
생강(生薑) 수십 편(片) ― 짓찧기[爛搗]

메밀(木麥)
소엽(蘇葉) ― 각 1움큼[一掬]

하재일기 3 [별록]

[약방문(藥方文)]

석웅황(石硫黃) 법제(法製) 5냥

인삼(人蔘)

백복령(白茯苓) 거맥(去脈)

적하수오(赤何首烏)·백하수오(白何首烏)·주증(酒蒸) 각 3냥

육종용(肉蓯蓉) 주포(酒炮)

부자(附子) 탕포(湯炮)

육계(肉桂) 껍질 벗긴 것 각 2냥

상기생(桑寄生) 유초(乳炒)

호경골(虎脛骨) 기름기를 뺀 것

녹용(鹿茸) 유구(乳灸)

속단(續斷) 각 1냥

사리산(瀉痢散)

창출(蒼朮)

목통(木通)

인동(忍冬)

저근피(樗根皮)

어교(魚膠)

애엽(艾葉)

귀전우(鬼箭羽) 각 5전

248

위의 약을 솔잎즙 반 탕기를 넣고 달여서 3분의 1이 되게 하여 잘 섞어서 복용하면 신기한 효험이 있다.

가미오자환(加味五子丸)
구자(韭子)
복분자(覆盆子)
상심자(桑椹子)
저실자(楮實子)
연실자(蓮實子)
백자(栢子)
구기자(枸杞子)

위의 약을 각각 똑같은 양으로 가루를 만들어 약주나 꿀물에 타서 복용하면 원기를 크게 보한다.

하재일기 4 [별록]

[박시양방구급(博施良方救急)]
신응단(神應丹)
곽향(藿香) 1냥 5전, 향부자(香附子)·자소엽(紫蘇葉) 각 1냥, 백출(白朮)·백복령(白茯笭)·진피(陳皮)·대복피(大卜皮)·후박(厚朴)·길경(桔梗)·백지(白芷)·반하(半夏)·정향(丁香)·당목향(唐木香)·빈랑(檳榔)·필발(蓽茇)·사인(砂仁)·건강(乾薑) 각 5전

곱게 빻아 가루를 꿀에 반죽하여 환(丸)을 짓는다.

사흥환(舒興丸)

곽향·정향·침향(沈香)·모향(茅香)·감송향(甘松香)·백단향(白檀香)·강진향(降眞香)·유향(乳香)·안식향(安息香)·목향(木香)·자단향(紫檀香) 각 2냥, 사향(麝香) 2전

곱게 빻아 가루를 꿀에 반죽하여 환(丸)을 짓는다.

위의 두 처방은 하절기 여러 가지 병에 두루 효험이 있다.

괴질 예방(怪疾豫防)

곽향 5전, 호초(胡椒) 3전, 필발 1전

곱게 빻은 가루를 주머니 속에 넣어 남자는 좌측, 여자는 우측 신변에 차라. 만일 혹 독신(獨身)이 있으면 위의 약을 생강을 끓인 물에 타서 마시면 신통한 효험이 있다.

삼향보서산(三香寶暑散)

형개(荊芥) 4전, 침향·강진향·자단향 각 3전, 세신(細辛) 1전

위의 약을 아울러 곱게 빻아 가루를 1전마다 1첩식 만들어 시원한 차에 타서 마신다. 재복(再服)하여도 좋다. 소아는 반첩을 먹는다.

[약방문(藥方文)]

황하청(黃河淸) 1환(丸)

자연동(自燃銅) 8냥

자미어(紫尾魚) 4냥

육종용(肉從容) 5냥

육계(肉桂)·속단(續斷)·파극(巴戟) 각 9냥

수부자(水附子) 2매 한 6~7전 중

인삼·모사석(毛砂石)·청몽석(靑礞石) 각 8전

동설(銅屑) 23냥,

호경골(虎脛骨) 1척(隻)

녹용 1냥

당황단(唐黃丹) 8전

수은(水銀) 23냥

향부자(香附子) 3전

파축(巴丑)·오령지(五靈旨) 각 1전 반

신국(神麴)·맥아(麥芽) 각 1전

모든 시환(時患)·상한(傷寒)·독감에 3일 안에 이 약 1~2첩을 복용
하고 땀을 내면 곧 낫는다.

가미해울탕(加味解鬱湯)

당귀(當歸)·백출(白朮) 각 1전

패모(貝母)·적복령(赤茯苓)·백작약(白芍藥)·숙변(熟芐)·산치자(山

251

梔子) 각 7푼
　인삼·시호(柴胡)·목단(牧丹)·진피(陳皮)·천궁(川芎)·감초 각 5푼
　호도(胡桃) 5개

　만일 안질(眼疾)이 심하면 이 약 2~3첩을 복용하라.

　해열음(解熱飮)
　당귀·숙변·도인(桃仁)·행인(杏仁)·대마자(大麻子)·후박(厚朴)·지각(枳殼)·황삼(黃蔘)·대황(大黃)·망초(芒硝)·감초·원지(遠志)·시목(柿木)

　만일 대소변이 좋지 않으면 이 약 2~3첩을 복용하라.

　하재일기 4 병신년(1896) 3월 8일 맑음.
　함동헌(咸東獻) 첩 매향(梅香)이 어젯밤에 도망하여 달아났다고 한다. 첫새벽에 순석(順石)이 잠에서 깨어 일어나 대문 밖을 나갔다가 바로 들어왔다. 나를 불러 말하기를 "대문 밖 나뭇가리 아래에 어떤 사람이 목을 매고 앉아 있다."고 하였다. 내가 놀라서 일어나 순석에게 가서 어떤 사람인지 보고 오게 하였다. 순석이 나가 살펴보더니 모른다고 하고 밖으로 달려 나가 나 홀로 머뭇거리고 있었다. 조금 있으니 어떤 사람이 끌고 갔다고 말해 주었다. 그가 죽었는지 살았는지도 모르고, 또한 그가 어떤 사람인지도 모른다. 아침이 되어 들으니, 이웃에 거주하는 서 모의 사위가 서울에서 내려왔다. 술에 취해

그 아내와 서로 다투고 목을 매어 자진하려 하는 것을 그 가족이 붙잡아 벗겨서 잠들게 하였다. 새벽이 되어 가족이 잠에서 깨어 보니 또 밖으로 나갔다. 자연히 의심이 생기고 걱정이 되어 문밖을 나가 두루 찾아다니다가 나뭇가리 아래에 이르러서 스스로 목매어 앉아 있는 것을 발견하고 끌고 갔으나 이미 손쓸 수 없다고 하였다. 대단히 괴이하고 한탄스럽다. 내가 그 가족을 불러 구활방(救活方)을 시험해 보게 하였다. 먼저 반하(半夏) 가루를 콧구멍 속으로 불어넣고, 다시 용천혈(湧泉穴)에 뜸 3장(壯)을 떠 보라고 말해 주었다.

『박시양방(博施良方)』에 오절(五絶)을 구제하는 처방이 있다. 첫째는 자액(自縊), 둘째는 익사(溺死), 셋째는 동사(凍死), 넷째는 장벽 압사(墻壁壓死), 다섯째는 염매(魘魅)이다. 무릇 오절인 자는, 반하를 가루로 만들어 냉수에 개어 콩알 크기로 환(丸)을 지어 콧구멍 속에 넣어라. 온기가 있는 자는 치료할 수 있다. 또 갑작스런 죽음을 치료하는 처방은 반하 가루를 콩알 크기만큼 콧구멍 속으로 불어넣어라. 무릇 스스로 목매어 높이 매달려 있는 자는, 천천히 품에 안고서 줄을 풀어야 하고 끊어서는 안 된다. 상하를 편안 이불에 거꾸로 놓고 조금씩 조금씩 목구멍을 똑바로 하고, 손으로 입과 코를 막아 숨을 통하지 못하게 하라. 한 사람은 발로 그 양 어깨를 밟고, 손으로 그 정수리 머리카락을 움켜잡아 혈관이 팽창하여 맥박이 급하게 하라. 한 사람은 손으로 그 가슴을 문지르고, 그 팔다리를 굽혔다 폈다 하라. 만약 뻣뻣하게 뻗쳐 있으면 점점 강하게 구부려라. 한 사람은 발을 옷으로 싸서 그 항문을 받치어 기(氣)가 새나오지 않게 하라. 또 대통

[竹管]을 두 귀에 대고 불어 기가 입으로 나오게 하라. 호흡하고 눈을 감았거든 계속 끌어당기고 주물러라. 소간탕(小干湯)이나 혹은 미음을 먹여 목구멍을 적시게 하고, 움직이면 멈추어라. 이 방법은 아침부터 저녁까지는 비록 체온이 이미 차가워졌어도 살릴 수 있으나, 저녁부터 아침까지는 음기가 성하여 구제하기 어렵다. 가슴 아래가 미지근하면 비록 하루가 되었어도 살릴 수 있다. 일법(一法) : 반하 가루를 콧구멍 속으로 불어넣는다. 일치(一治) : 스스로 목매어 기가 탈진한 데는 용천혈에 뜸을 뜬다. 남자는 좌측, 여자는 우측 발에 뜸 3장을 뜬다. 일법 : 남자는 수탉을 쓰고, 여자는 암탉을 쓴다. 계관(鷄冠)을 찔러 피를 내어 입안에 넣으면 즉시 살아난다. 차와 물을 먹여서는 안 된다. 무릇 익사한 자는, 먼저 칼로 물에 빠진 자의 입을 벌리고 젓가락을 놓아 그의 어금니로 물게 하여 물이 나오게 한다. 또 건장한 사람으로 하여금 물에 빠진 사람의 두 다리를 구부려 어깨 위에 붙이고, 등을 서로 붙여 거꾸로 끌고 가서 물이 나오게 한다. 마른 흙이나 벽토(壁土)를 취하여 땅 위에 놓고 물에 빠진 사람을 데려다 그 위에 반듯이 눕혀 흙으로 덮고 입과 눈만 내놓다. 자연히 물기가 흙 속으로 빨려 들어간다. 대통을 사용하여 각각 입과 귀·코·배꼽·항문 안으로 번갈아 불어서 상하가 통하게 하라. 또 반하 가루를 써서 그 코를 벌름거리게 한다. 또 조각(皂角) 가루를 솜에 싸서 항문을 막아라. 조금 있으면 물이 나오고 즉시 살아난다. 일방(一方) : 쑥으로 배꼽에 뜸을 뜬다. 일방 : 익사에는, 사다리에 그 사람을 태워 거꾸로 놓고 소금으로 코를 막아 가득 채운다. 소금이 녹으면 곧 깨어난다. 소금으로 배꼽 위를 문지른다. 일방 : 동사(凍死) 및 겨울 낙수(落水)로

숨결이 조금 있는 자는, 젖은 옷을 벗기고 산 사람의 따뜻한 옷을 풀어 싸서 따뜻하게 한다. 쌀을 볶아 뜨거운 것을 주머니에 담아 가슴 위를 다림질하고 식으면 즉시 바꾼다. 혹 뜨거운 아궁이 재도 괜찮다. 몸이 따뜻해지고 눈을 뜨고 호흡이 회복되기를 기다린 뒤에 따뜻한 술이나 혹 소간탕·죽·미음을 먹여라. 만약 먼저 불로 뜸을 뜨면 반드시 죽는다. 일방 : 석웅황(石雄黃)·염초(焰硝)를 각각 등분(等分)하여 가루를 만들어 두 눈 모서리에 떨어뜨려 넣어라. 일방 : 압사(壓死) 및 추질사(墜跌死)로 가슴과 머리가 따뜻한 자는, 급히 부축하여 일으켜 앉히고, 손으로 그 머리카락을 움켜쥐고 반하 가루를 써라. 무릇 남녀가 숨이 곧 끊어져 죽어 가고, 맥은 뛰는데 호흡이 없거나 호흡이 닫혀 통하지 않는 것을 이름하여 시궐(尸厥)이라고 한다. 창포(菖蒲) 가루를 콧구멍 속으로 넣고 다시 육계(肉桂) 가루를 써서 혀 밑에 놓는다. 혹 본인의 좌측 모서리 머리털을 잘라서 막 불에 태운 재를 가루로 만들어 뜨거운 술에 타서 먹이고, 대통을 그 양쪽 귀에 대고 분다. 무릇 소아를 막 처음 낳았는데 바로 울지 못하고 숨이 곧 끊어져 죽을 듯하면, 급히 목구멍 사이에 종기가 매달려 있는지 살펴보라. 앞 상악(上齶)에 한 기포가 있으면 손톱으로 따서 없애고 급히 솜으로 악혈(惡血)을 씻어 내어, 목구멍으로 넘어가지 않게 하라. 무릇 기절하여 울지 못하면, 급히 솜으로 감싸 안아서 품속에 있게 하라. 아직 제대(臍帶)를 자르면 안 된다. 포의(胞衣)를 화로 숯불 위에 놓고 태워라. 큰 종이 심지를 기름에 담가 불을 붙여서 제대 밑에 불을 놓아 훈(薰)하라. 제대는 아이 배와 연결되어 있어서 훈할 때에 화기(火氣)가 있어서 배꼽으로 하여 뱃속으로 들어간다. 다시 뜨거운

초탕(醋湯)으로 제대를 씻어라. 조금 있으면 기가 회복되어 울 것이
니 비로소 씻기고 제대를 잘라라. 또 울음소리를 내지 못하면, 혀 밑
을 보라. 만일 석류씨[石榴子] 같은 것이 혀에 연해 있으면, 속히 손톱
으로 따내거나 혹 갈대 칼[蘆葦刀]로 베어서 피를 조금 내라. 만일 피
가 나오면 난발회(亂髮灰)를 돼지기름과 함께 섞어서 발라라. 만일
치근(齒根)에 누런 힘줄이 있으면 갈대 칼로 잘라 내고 돼지기름을
떨어뜨려라. 만일 입을 벌리기 어려우면 먼저 돼지기름을 떨어뜨려
라. 처음 낳아 소변을 보지 못하면, 급히 총백(蔥白) 4촌(寸)을 네 쪽
으로 갈라서 유즙(乳汁) 반잔을 넣고 끓여 먹여라. 또 대소변을 보지
못하여 배가 팽창하여 끊어지려고 하면, 급히 부인에게 따뜻한 물로
입을 양치질하고, 아기의 전심(前心)과 후심(後心)을 빨고, 배꼽 아래
와 수족심(手足心)을 아울러 빨게 하여 홍적색이 되는 것으로 기준을
삼아라. 만금불전우선단(萬金不傳遇仙丹) : 오로지 태전(胎前) 난치병
을 치료하는 방문이다. 무릇 산부가 여러 날 낳지 못하여 위급하면,
아주까리씨[萆麻子] 14알을 껍질을 벗기고 명·주사(明朱砂) 1전 반,
석웅황(石雄黃) 1전 반, 사세(蛇蛻) 1척(尺) 소존성(燒存性)을 함께 갈
아서 곱게 가루를 만들어, 장물[醬水]로 밥과 섞어서 탄환 크기로 환
을 짓는다. 먼저 초탕(椒湯)을 산부의 배꼽 밑에 뿌린 뒤에 약 한 알을
배꼽 가운데에 놓고, 종이 두어 겹을 덮고서 넓은 비단으로 묶는다.
만일 아이 머리가 아래로 나오면 급히 약을 취하여 버린다. 무릇 난
산에는, 한수석(寒水石) 4냥을 반생반하(半生半煆)하여 주사 5전과
함께 갈아서 복숭아꽃 빛깔처럼 되게 만든다. 매번 3푼씩 정화수에
고루 섞어 종이 위에 발라서 배꼽에 붙이고, 마르기를 기다려 다시

바꾼다. 세 번만 올려놓아도 즉시 낳는다. 무릇 산부가 혈훈(血暈)으로 의식을 잃으면, 오령지(五靈脂) 2냥을 반생반초(半生半炒)하여 가루를 만들어, 복용할 때마다 1전씩을 백비탕(白沸湯)에 타서 먹여라. 만일 입을 벌리지 못하는 자는 벌리고 먹이면 목구멍에 들어가자마자 낫는다. 무릇 도산(倒産)하여 아이의 발이 먼저 나오는 것을 역생(逆生)이라고 한다. 구제하지 않으면 모자가 함께 죽는다. 잠시 산모를 반듯이 눕히고 산파로 하여금 발을 밀어서 들어가게 하라. 하나는 산모가 크게 놀랄까 두렵고, 둘은 산파가 숙련되고 훌륭한 기술이 있는 자가 아니면 도리어 생명을 손상하니, 다른 방법을 쓰는 것만 못하다. 세모진 침[三稜鍼]으로 아이의 족심(足心)을 3번 내지 5번 찌르고 소량의 소금을 찌른 곳에 발라라. 소금을 아이의 발에 바르고 손톱으로 긁고, 소금으로 산모의 배를 문질러라. 무릇 산후 혈훈으로 의식을 잃으면, 눕게 하지 말고 등 뒤에서 부축하고 앉아 한 사람이 떠받치고, 불붙은 숯을 식초 속에 담가 훈을 하여, 식초 기운이 콧구멍 속으로 들어가게 하라. 다시 화예석(花蘂石) 가루 1전을 동변(童便)에 타서 마셔라. 만일 입을 다물고 있으면 벌리고 먹여라. 또 오령지 2냥을 반생반초하여 따뜻한 술에 타서 마셔라. 입을 다물고 있으면 벌리고 먹여라. 일방 : 진울금(眞鬱金) 소존성을 가루로 만들어 2전을 식초 1홉에 타서 먹여라. 일방 : 반하 가루를 냉수에 섞어 대말(大豆) 크기로 환을 지어 콧구멍 속에 넣어라. 산부가 중풍으로 의식을 잃고, 입으로 게거품을 토하고, 수족이 경련이 일면, 당귀신(當歸身)·형개(荊芥)를 등분(等分)하여 가루를 만들어 매번 2전씩을 복용하라. 물 1잔, 술 조금, 동변 조금을 7푼이 되게 달여서 먹여라. 무릇 사람이 담장에 압사(壓死)를 당해 가슴과 머리가 따뜻하면, 몸을 책상다리 하여 앉히고 그 머리카락을 팽팽하게 움켜쥐고 반하 가루를 코에 불어넣어 재채기를 하게 하라. 마유(麻油)를 생강즙에 타서 먹여라. 조금 있으면 즉시 깨어난다. 무릇 사람이 넘어져 다치거나 혹 타박상으로 먹지 못하면, 날돼지고기를 난도질하여 따뜻한 물에 타서 1전을 복용하면 곧 식욕이 생긴다. 무릇 사람이 넘어져 다치거나 혹 타박상으로 갈비뼈가 부서지고 창자가 나왔으면, 급히 기름을 발라 들여보내고, 인삼·구기자를 끓인 즙을 뿌려라. 양신죽(羊腎粥)을 계속 먹으면 10일이면 낫는다. 혹 냉수를 그 얼굴에 뿜으면 더욱 신묘하다. 무릇 사람이 칼이나 도끼로 손가락을 다쳐 잘린 자는, 소목(蘇木) 가루를 바르고 누에로 며칠 동안 싸 두면 즉시 낫는다. 일체의 중독(中毒) 구급양방(救急良方) 무릇 비상(砒霜) 중독에는, 산 양[生羊]을 찔러 나온 피를 복용하라. 혹은 숙분수(宿糞水)를 복용하라. 혹은 오구수(烏枸樹) 뿌리를 찧어 즙(汁)을 복용하라. 혹은 녹두를 찧어 즙을 복용하라. 혹은 강향(降香) 가루 4냥을 푹 끓여 복용하라. 염로(鹽滷) 중독에는 생두부(生豆腐) 장물을 실컷 마셔라. 복어[河豚] 중독에는 호마유(胡麻油)·대두즙(大豆汁)·감람즙(橄欖汁)이 모두 해독할 수 있다. 백과(白果) 중독에는, 목향(木香)을 끓인 물에 넣어 간 즙에 사향(麝香)을 조금 넣어 복용하라. 혹은 백과 껍질을 난도질하여 달여서 복용하라. 연분(鉛粉) 중독에는 마유를 꿀에 타서 엿처럼 만들어 함께 복용하라. 수은 중독에는 탄목(炭木) 달인 즙으로 해독한다. 금·은(金銀) 기물을 잘못 먹었으면, 묵은 보리[陳大麥]를 까끄라기를 제거하고 볶아 갈아서 가루를 만들어 황설탕을 조금 넣고 밥과 함께 먹어라. 하루에 2회, 매회에 1잔씩 먹으면 3~4일이면 곧 풀려 내려간다. 다만 죽과 밥·마늘은 먹어도 되나 끓인 물은 먹어서는 안 된다. 또 침(針)을 잘못 삼켰을 때는, 잠경(蠶莖)을 달여 부추[韭菜]와 함께 먹으면 저절로 내려간다. 사람에게 물려 상처를 입었을 때는, 만일 아황(牙黃)이 속으로 들어가 나오지 않으면 반드시 고질병이 된다. 혹 소변에 2~3시간쯤 담가서 아황 독이 나오기를 기다려 귀판(龜板) 태운 재를 발라라.

하재일기 4 병신년(1896) 4월 3일 맑음.
조카 택구(澤龜)가 회충 증세가 대단히 심하여 계속하여 약을 써 보았으나 끝내 효험이 없다. 대단히 답답하다.

하재일기 4 병신년(1896) 4월 17일 맑음.
조카 택구의 병세가 갑자기 심해지더니 사시(巳時) 쯤에 운명하였다. 참혹하고 놀라움을 금할 수 없다. 즉시 내다가 서산 아래에 묻고 오후에 돌아왔다.

하재일기 7 [별록]

[약방문(藥方文)]
▨▨▨냥쯩을 가루 내고 ▨▨▨▨을 동변(童便)에 7일 동안 담그고 ▨▨▨▨ 7일 동안 담가 합계 28일이 되면 꺼내어 곱게 갈아서 꿀에 개어 오자대(梧子大)로 환(丸)을 짓는다.

　한증(寒症)에 ▨▨ 암컷 한 마리를 머리와 발, 깃과 털을 제거하고
배를 갈라 내장을 제거하여 ▨▨▨▨ 먹으면 즉시 효험이 있다.

참고문헌

『하재일기(荷齋日記)』(서울대 규장각 소장본).

『국역하재일기 1~8』(김상환·이종덕 역, 박은숙 해제, 서울시사편찬위원회, 2005~2009).

『국역사례편람』(우봉이씨대종회 역, 명문당, 2003).

『고종실록』.

『봉선잡의』.

『사례편람』.

「제의초」.

국립민속박물관 민속연구과, 『한국세시풍속전자사전-겨울 편』, 2006.

최대림 역해, 『신역 동국세시기』, 홍신문화사, 2006.

김소영, 「전통과 근대를 살아간 인물, 하재 지규식의 '일상'을 통해 본 그의 사상과 종교」, 『한국인물사연구』 제19호, 한국인물사연구회, 2013.

김종철, 「하재일기를 통해 본 19세기 말기 판소리 창자와 향유층의 동향」, 『판소리연구』 제32집, 판소리학회, 2011.

류채형, 「하재일기에 나타난 19세기 말~20세기 초 공인 지규식의 제사 설행」, 『역사교육논집』 제61집, 역사교육학회, 2016.

박은숙, 「분원 공인 지규식의 공·사적 인간관계 분석」, 『한국인물사연구』 제11호, 한국인물사연구회, 2009.

_____, 「사원 지규식의 러일전쟁과 을사조약을 둘러싼 시국 인식」, 『한국인물사연구』 제17호, 한국인물사연구회, 2012.

_____, 「경기도 분원 마을 지규식의 자녀 혼사와 사돈 관계(1891~1910)」, 『한국인물사연구』 제19호, 한국인물사연구회, 2013.

_____, 「경기도 분원마을 지도자 지규식의 외세인식과 그 변화(1894~1910)」, 『한국인물사연구』 제26호, 한국인물사연구회, 2016.

송재용, 「의례와 경제-관·혼·상·제례를 중심으로-」, 『비교민속학』 제27집, 비교민속학회, 2004.

_____, 「임하필기에 나타난 의례 연구」, 『동아시아고대학』 제24집, 동아시아고대학회, 2011.

_____, 「개화기에서 일제강점기까지 관·혼·상·제례의 지속과 변용」, 『동아시아고대학』 제30집, 동아시아고대학회, 2013.

_____, 「하재일기에 나타난 국가의례와 민간신앙 일고찰」, 『동양고전연구』 제68집, 동양고전학회, 2017.

_____, 「하재일기에 나타난 세시풍속과 민속놀이 연구」, 『동아시아고대학』 제49집, 동아시아고대학회, 2018.

_____, 「하재일기에 나타난 관·혼·상·제례 연구」, 『동양고전연구』 제70집, 동양고전학회, 2018,

유호선, 「하재일기를 통해 본 공인 지규식의 삶과 문학」, 『한국인물사연구』 제19호, 한국인물사연구회, 2013.

임동권, 『한·일 궁중의례의 연구』, 중앙대 출판부, 1995.

찾아보기

저자 약력

▎송재용(宋宰鏞)

대전 출생
단국대학교 문리과대학 국어국문학과 졸업
동 대학원에서 문학석사·문학박사 학위 취득
동아시아고대학회 회장, 단국대학교 교수협의회 회장, 단국대학교 동아시아전통문화연구소 소장, 단국대학교 교양교육대학 학장 역임
현재 단국대학교 교양교육대학 교양학부 교수

주요 저서 :『한국 의례의 연구』(2007년 문화관광부 우수학술도서),『미암일기 연구』(2008년 문화체육관광부 우수학술도서),『개화기에서 일제강점기까지 한국 민속 연구』(2017년),『삼국유사의 문학적 탐구』(공저, 2009년 문화체육관광부 우수학술도서),『한국 민속 문화의 근대적 변용』(공저, 2010년 학술원 우수학술도서),『구한말 최초의 순국열사 이한응』(2007년),『조선의 설화와 전설』(공역, 2007),『조선시대 선비 이야기-미암일기를 통해 과거와 현재를 보다』(2008년) 등 다수

주요 논문 :「한국 일기문학론 시고」,「한중일 의례에 나타난 공통성과 다양성」,「여류문인 송덕봉의 생애와 문학」,「한시 분류와 해석을 위한 시각의 재정립」등 70여 편